Cornelia Rohse-Paul
Nalumas Fantasiereisen

Cornelia Rohse-Paul

Nalumas Fantasiereisen

Kindergeschichten für mehr Selbstbewusstsein, Zuversicht und innere Stärke

Mit Illustrationen von Roswitha Gemke

Kösel

Sollte diese Publikation Links auf Webseiten Dritter enthalten, so übernehmen wir für deren Inhalte keine Haftung, da wir uns diese nicht zu eigen machen, sondern lediglich auf deren Stand zum Zeitpunkt der Erstveröffentlichung verweisen.

MIX
Papier aus verantwor-
tungsvollen Quellen
FSC® C084279

Verlagsgruppe Random House FSC® N001967

Copyright © 2019 Kösel-Verlag, München,
in der Verlagsgruppe Random House GmbH,
Neumarkter Str. 28, 81673 München
Umschlag: Weiss Werkstatt, München
Umschlagmotiv und Illustrationen: Roswitha Gemke, Wendeburg
Redaktion: Imke Oldenburg, Bremen
Satz: Satzwerk Huber, Germering
Druck und Bindung: Print Consult GmbH, München
Printed in Slovakja
ISBN 978-3-466-31112-5
www.koesel.de

 Dieses Buch ist auch als E-Book erhältlich.

Inhalt

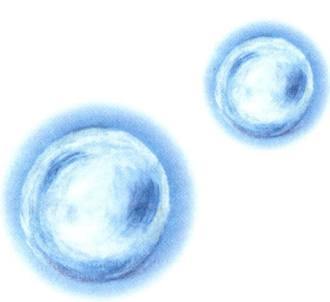

Einführung: Die Reise beginnt

Sie haben sich für ein ungewöhnliches Kinderbuch entschieden, und dafür danke ich Ihnen, liebe Leserin, lieber Leser, ganz herzlich!

Wofür genau ich mich bedanke, möchte ich Ihnen gerne näher erklären: Mir geht es um die Liebe und den Respekt Kindern gegenüber, die sich mit ihren großen und kleinen Sorgen des Alltags das Leben oft nicht leicht machen. Gerade sie brauchen die liebevolle Fürsorge und Anteilnahme an ihren Sorgen; sie brauchen eine Hilfestellung, der es nicht um das »Besserwissen« und »Allesmachbar-Machen« geht. Vielmehr sollte es darum gehen, Kindern Methoden an die Hand zu geben, die sie befähigen, ihre eigenen Lösungswege zu entdecken und in ihren oft sehr anspruchsvollen Kinderalltag zu integrieren.

Ich habe Naluma und ihre Fantasiegeschichten erfunden, damit die Kinder, unterstützt durch diese gute Begleitung, ins Land ihrer Ressourcen reisen können. Die Geschichten haben vielfältige Quellen und lassen sich nicht der einen oder anderen »reinen« Lehre zuordnen. Vielmehr sind sie das Produkt langjähriger »Reiseerfahrungen«, die ich während meiner Arbeit mit großen und kleinen Menschen in der von mir 2013 gegründeten Wutambulanz und in meiner 25-jährigen Supervisionspraxis machen durfte.

Von Anfang an habe ich als Supervisorin in eigener Praxis intensiv unter anderem mit Pflege- und Adoptiveltern und mit Mitarbeiter*innen in Einrichtungen der voll- oder teilstationären Jugendhilfe zusammengearbeitet. Dabei stand das Wohl des Kindes immer im Fokus der Beratungen. Die Frage war allerdings, ob es neben den pädagogischen Interventionen, den institutionellen Aufträgen und den therapeutischen Angeboten auch etwas geben könnte, das die Kinder (ab einem Alter von etwa fünf Jahren) selber befähigt, ihr persönliches Erleben und Empfinden zu verbessern und somit mit ihrem jeweiligen Lebensthema anders umgehen zu können. Eine Antwort habe ich in der hypnosystemischen Sprache und der fokussierten Aufmerksamkeit nach Milton Erickson gefunden.

Naluma, meine gute Reisebegleiterin und Geschichtenerzählerin ist das Ergebnis dieses Wissens und findet vielfältig Anwendung in meiner Praxis.

Worum es in diesem Buch geht

Die Geschichten in diesem Buch sind wundersame Reisen in das Land der kindlichen inneren Bilder. Sie unterstützen die Kinder im fantasievollen Entdecken von Lösungen für ihr jeweiliges Anliegen.

Zudem ist jede der Geschichten für die Kinder und für Sie als Vorlesende ein kleines Geschenk – ein Geschenk an gemeinsamer Zeit. Für eine kurze Weile werden Sie über Ihre Stimme zu Naluma. Begleiten Sie Ihr Kind in dieser vollkommen entspannten Vorlesezeit mit Ihrer ruhigen Stimme und seien Sie dabei auch gespannt, welche Gedanken und Bildern in Ihnen selbst beim Vorlesen aufsteigen.

Und wie es bei einer Reise üblich ist, kommt man anschließend mit den Mitreisenden ins Gespräch. Fragt dieses und jenes nach, lässt sich etwas aus der Perspektive des anderen erzählen, trägt eigenes Erleben dazu bei und stellt vielleicht überrascht fest, dass es noch viel Neues gemeinsam zu entdecken, zu tun und zu üben gibt. Genießen Sie diese Gespräche mit Ihrem Kind, hören Sie genau zu, was es zu erzählen hat – und begeben Sie sich, begleitet von Naluma, bald wieder auf eine neue gemeinsame Reise!

Mein Anliegen

Trotz aller Geborgenheit, Liebe und Unterstützung aus dem Elternhaus müssen Kinder ihre eigenen Erfahrungen machen und sich in ihrem sozialen Umfeld gut verorten. Kindergarten und Schule haben ihre eigenen Regeln, in denen man sich behaupten und einpassen lernen muss. Man möchte dazugehören und wird dennoch ausgelacht, oder man möchte Anführer*in sein und wird als solche*r von seiner Gruppe nicht auserwählt. Man möchte gute Leistungen bringen und hat dennoch Angst vor Klassenarbeiten. Man möchte stark und tapfer sein und ist beim Zahnarzt ein kleiner Hasenfuß.

Die Lebenswelten von Kindern und die sich daran anknüpfenden Anforderungen an sie sind zudem immer komplexer geworden. Viele Kinder haben Scheidungen der Eltern miterlebt, leben im Spagat zwischen zwei Elternhäusern oder müssen sich in der neuen Patchworkfamilie einen Platz sichern. Auch den hohen Leistungsanforderungen in der Schule müssen sie standhalten und zudem in der Regel ein ausgefülltes Freizeitprogramm absolvieren. Aber Kinder sind unermüdlich in dem Willen, allen Anforderungen gerecht zu werden, die Loyalitäten den Eltern und Geschwistern gegenüber aufrechtzuerhalten und in der Schule nicht sonderlich aufzufallen. Wenn da nicht das kleine Herz wäre, das wie ein Seismograf auf so viele und unterschiedliche Schwingungen und Gefühle reagiert.

Die Geschichten richten sich an Eltern, die aus der sorgenden Perspektive auf ihre Kinder schauen, an Erzieher*innen und Sozialarbeiter*innen, die Kindern ihrer Einrichtung vielleicht neue Denkanstöße geben wollen und an Lehrer*innen, die möglicherweise in der Klasse neue Gesprächsanlässe finden können, wenn es um Schulthemen geht. Es könnten Kinderärzte*innen sein, die den Eltern ihrer kleinen Patienten Anregungen mitgeben wollen oder einfach nur Erwachsene, die Freude an diesen Geschichten haben.

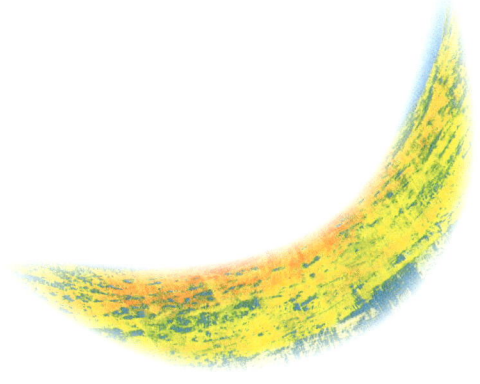

Die Geschichten

Die Geschichten bieten den Kindern die Möglichkeit, in Nalumas Fantasiewelten einzutauchen und sich im Zustand tiefster Entspannung mit ihren eigenen Gefühlen und Ängsten auseinanderzusetzen. Die angebotenen Bilder und Figuren sollen die innere Fantasie und den Mut der Kinder beflügeln, sie sollen sie darin unterstützen, eigene Sichtweisen und mögliche Lösungen für das jeweilige Anliegen zu etablieren.

Die Entscheidung, welche der Geschichten für Ihr Kind passend sein könnte, bedarf Ihrer Beobachtungsgabe. Vielleicht ist gerade ein bestimmtes Thema bei Ihrem Kind aktuell oder Sie wollen ganz allgemein mit Ihrem Kind über etwas Bestimmtes ins Gespräch kommen. Erzählen Sie von Naluma und ihren Fantasiewelten und machen Sie Ihr Kind neugierig darauf, was es alles Neues mit Naluma zu entdecken gibt. Machen Sie deutlich, dass auch Sie an dem Thema Interesse haben. Vielleicht blättern Sie gemeinsam die Seiten durch und lassen Ihr Kind eine Geschichte aussuchen?

Die Naluma-Geschichten folgen im weitesten Sinne der hypnosystemischen Kommunikation nach Milton Erickson. Allen Geschichten ist gemeinsam, dass das Kind eine konzentrierte Aufmerksamkeit im Zustand tiefster Entspannung erlebt. Erzählen Sie Ihrem Kind, dass es während der Geschichten ganz und gar seinen Gedanken nachhängen kann. Was immer ihm durch den Kopf geht, ist gut und richtig. In jeder Geschichte werden die unterschiedlichen Sinneskanäle, wie Sehen, Hören, Riechen, Fühlen und Berühren angesprochen. Wenn Sie es bei sich selber ausprobieren, werden Sie sicher auch bemerken, dass sich dadurch die Fantasiebilder intensivieren. Außerdem werden die Erinnerungen an das emotional Erlebte gefestigt und können bei Bedarf über diese Sinneskanäle auch wieder abgerufen, also erinnert, werden. Zudem habe ich einfache, positive Sprachmuster und eingängige Bilder verwendet, denn diese unterstützen die Kinder dabei, ihre eigenen Gefühle wirken zu lassen und mit in die Geschichten einzubauen. Helfende Figuren, Tiere oder Gegenstände, die in den Geschichten vorkommen, sind Stellvertreter der unterschiedlichen Gefühle des Kindes. Sie sollten in den Nachbesprechungen immer wieder positiv gewürdigt werden.

Es sind vor allem stärkende und aufbauende Geschichten, die für das Kind wohltuende Helfer oder Bilder hervorbringen, welche dem Kind in seinem Alltag immer hilfreich zur Seite stehen. Sie sind so etwas wie die neuen

Freunde und Freundinnen, die tief im Inneren einen guten Platz einnehmen sollen, sodass ihre Zuversicht und Hilfe bei Bedarf immer abrufbar ist.

Um dieses Ziel zu erreichen, reicht es nicht, die Geschichten einfach nur vorzulesen. Damit sie ihre Wirkung wirklich entfalten können, ist es wichtig, dass Sie nach dem Vorlesen mit dem Kind über das Gehörte, Erlebte, Empfundene ins Gespräch kommen. Um Ihnen dafür Anregungen zu geben, habe ich jede Geschichte um einen »Gesprächsnachklang« ergänzt. In diesem biete ich Ihnen Anregungen, Bedenkenswertes und Fragestellungen für das oder die Gespräche mit Ihrem Kind an. Jede Geschichte wird getragen von in ihr verborgenen, übergeordneten Themen. Um sich diesen Themen anzunähern, können Sie auf die Vorschläge des Nachklangs zurückgreifen. Sie sind als kleine Auswahl zu verstehen, als Einstieg in das Gespräch; dabei geht es weniger um ein »Abarbeiten« der Fragen, vielmehr sind Ihre Fantasie und Intuition im Umgang mit den Geschichten und dem sich daraus ergebenden Gespräch mit Ihrem Kind gefragt.

Ich habe die Erfahrung gemacht, dass die Geschichten den Kindern helfen, ihre eigenen Ressourcen und Lösungen für ihre Probleme zu entdecken. Aus einer vermeintlichen Schwäche kann sich immer ein anderer Weg, eine neue und kraftvolle Lösung oder ein verändertes Verhalten entwickeln. Deshalb würde ich mir wünschen, dass die neu entstandenen Bilder und Gefühle über einen langen Zeitraum immer wieder angesprochen und lebendig gehalten werden. So können sie sich als ein positives Gegengewicht zu den oft negativen Selbstwahrnehmungen entwickeln.

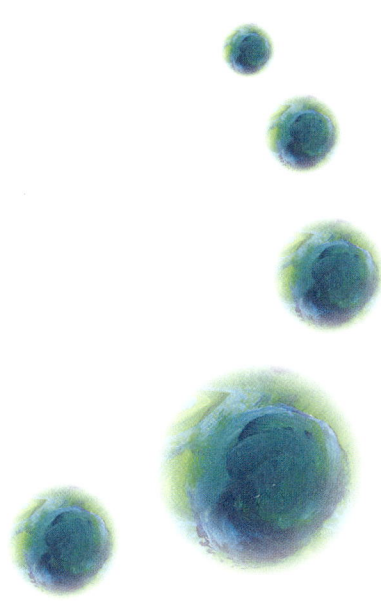

Zum Vorlesen

Wenn Sie Ihrem Kind eine dieser Geschichten vorlesen wollen, dann sollten Sie es sich **gemütlich** miteinander machen. Denn es braucht Zeit, sich mit dem, was Ihr Kind auf seiner inneren Reise erlebt hat, zu beschäftigen. Mit »gemütlich« meine ich auch, dass Sie einen kuschligen Ort wählen, an dem die Hektik des Alltages außen vor bleibt. Manchmal werde ich von den Eltern gefragt, wann sie denn eine Geschichte vorlesen sollen, und die Antwort ist einfach: Es muss anschließend immer noch viel Zeit zum gemeinsamen Reden bleiben. Deshalb: Verwechseln Sie Nalumas Fantasiereisen nicht mit Gute-Nacht-Geschichten.

Für die Kinder ist es überaus hilfreich und sinnvoll, wenn ihnen die Geschichten mit ruhiger Stimme und sehr **langsam** vorgelesen werden. Der Sprachduktus wird Sie beim ersten Lesen sicherlich erstaunen, denn es ist kein klassischer Fließtext, sondern ein Anleitungstext. An dieser Stelle schlage ich Ihnen einen Selbstversuch vor: Sprechen Sie einen der Texte auf Ihr Handy und hören Sie ihn sich an. Sie werden bemerken, dass die im Text markierten Pausen die eigenen, inneren Bilder und aufkommenden Gefühle wohltuend unterstützen.

Sie werden feststellen, dass die Texte ungewöhnlich gestaltet sind. So gibt es zahlreiche Absätze und Auslassungszeichen. Beides ist dafür gedacht, Ihr Vorlesetempo zu verlangsamen. Wenn Sie eine **Pause machen**, hat das Kind genügend Zeit, seine eigenen inneren Bilder entstehen und auf sich wirken zu lassen. Auf diese Weise können die Geschichten ihre Wirkung vollständig entfalten. Die häufig vorkommende und immer mitzulesende Formulierung »Gut so ...« ist immer dann als Verstärkung gedacht, wenn es gilt, dem Kind ausreichend Zeit für seine inneren, guten Gefühle und deren Ankerung im Unbewussten zu geben.

Die Bilder oder Figuren entspringen zudem den Alltagserfahrungen der Kinder und bieten deshalb einen **leichten Einstieg** in das jeweilige Anliegen.

Jede Geschichte fängt mit einer nahezu identischen Einführung an. Die Kinder werden mit diesem »ritualisierten Text« angeleitet, in eine **tiefe Entspannung** zu kommen. Sie können sich dies etwa so vorstellen, als wenn in Ihrem Inneren die Bilder wie in Zeitlupe vorbeiziehen. Um in diesen Zustand zu gelangen, der es ermöglicht, dass sich das Kind ruhig und gelassen auf die Imaginationen und die entstehenden Gefühle in den Geschichten einstimmen kann, ist die stets gleiche Einführung in die einzelnen Geschichten erforderlich.

Und ebenso notwendig ist es, die Geschichten mit dem entsprechenden Ausstiegstext zu beenden, damit das Kind wieder in seiner Realität ankommt. Um dieses Ankommen im »Hier und Jetzt« auch akustisch zu untermalen, sollte Ihre Stimme **lauter und präsenter** werden, wenn Sie den Schlussteil einer Geschichte vorlesen.

Ist die Geschichte beendet, sollten Sie Ihrem Kind genügend Zeit lassen, um wieder »anzukommen«. Häufig erleben die Kinder diese Reisen als sehr bewegend und brauchen etwas **Zeit**, um sich wieder im Hier und Jetzt einzufinden, bevor sie anfangen zu erzählen oder Ihre Fragen und Anregungen aufnehmen können.

Naluma stellt sich vor

Ich heiße Naluma und ich bin überall und nirgends.

Aber wenn du mich rufst, dann bin ich immer bei dir. Eigentlich brauchst du mich auch nicht zu rufen, es reicht, wenn du an mich denkst, tief in deinem Inneren.

Du brauchst mir nur deine Fragen zu stellen, deine Sorgen zu nennen oder deine Wünsche mitzuteilen – und dann werden wir sofort auf die Reise gehen.

Bist du denn gern woanders? Mit mir kannst du auf Reisen gehen, ohne wirklich weg zu sein. Du schließt die Augen und schon können wir Landschaften, Bilder und vielleicht Gefühle in deinem Inneren erkunden.

Wir sind beide ganz neugierig darauf, wer und was uns begegnet. Vielleicht bist du auch manchmal überrascht, vielleicht hast du gar nicht mit dem gerechnet, was dir auf deiner Reise in dein eigenes Inneres begegnet.

Aber das ist ja gerade das Spannende. Eine Frage zu haben, eine Sorge, einen Wunsch – und dann auf Ideen zu stoßen, die uns beim bloßen Nachdenken nicht in den Sinn gekommen wären.

Bis du neugierig geworden auf diese inneren Reisen? Dann machen wir uns auf den Weg!

NALUMAS
TRAUMREISEN

NALUMA, ICH MUSS IMMER SO VIEL GRÜBELN!

g ut, dass du mich gerufen hast. Gehen wir lieber auf Reisen und suchen das Leichte und Entspannte in dir.

Mach es dir bequem und schließe die Augen.

Während du ruhig ein- und ausatmest, lässt du all deine Gedanken einfach dahinfließen. Sie strömen wie dein Atem langsam ein und aus, und sie haben kein Ziel.

Ein und aus ..., ein und aus ..., ein und aus ...

…

Mit jedem Atemzug spürst du, wie der Atem durch deinen Körper strömt. Ohne dein Zutun wird alles ruhiger, deine Gedanken haben keine Richtung, sie sind einfach nur da.

…

Und während du ein- und ausatmest, gehen wir langsam und voller Vorfreude auf unsere Reise.

…

Atme ein und aus, ganz langsam, und stell dir dabei vor, dass du am Ufer eines Flusses sitzt.
Vielleicht hörst du die Geräusche dort am Fluss?
Was gibt es dort zu sehen?
Sei neugierig auf alles, was dir dort begegnet. Vielleicht scheint die Sonne und wärmt dein Gesicht?
Oder spürst du, wie das Gras deine Hände kitzelt, wenn du darüber streichst?

…

Es ist so ruhig und schön, hier zu sitzen und auf das vorbeigleitende Wasser zu schauen. Es strömt langsam und vollkommen ruhig an dir vorbei. Und während du auf den vorbeiströmenden Fluss schaust, werden auch deine Gedanken ruhig und gelassen, gerade so, als wenn sie Teil des Wassers wären.
Gut so …

Das Wasser gleitet dahin, und es ist gut, hier zu sein und zu wissen, dass das langsame Fließen des Flusses dich mitnimmt, dass du Teil seiner Bewegung bist.

...

Tief in deinem Inneren wird es warm und leicht, denn alles fließt, ist ganz unaufgeregt und ruhig in Bewegung. Genieße diese Wärme und das Fließen für eine Weile. Gut so ...

Nichts hält dich, du kannst an alles denken, was dich bewegt. Das Kommen und Gehen der Gedanken ist wie das Fließen des Wassers.

Langsam kommt es näher. Es fließt an dir vorbei und verschwindet schließlich in der Ferne.

Stell dir deine Gedanken vielleicht als kleine Papierschiffchen vor. Sie kommen von irgendwo her, kommen näher und gleiten vorbei, ohne anzuhalten.

...

Vielleicht willst du sie irgendwann zu dir ans Ufer holen und sie genauer ansehen. Aber jetzt genießt du das langsame Vorbeigleiten der kleinen Papierschiffchen und wünschst ihnen eine gute Fahrt.

...

Und während sie langsam am Horizont verschwinden, genießt du die Ruhe und Wärme und die Leichtigkeit in deinem Inneren.

Gut so ...

Findest du einen Platz in deinem Inneren, der sich besonders warm und leicht anfühlt? Lenke deine ganze Aufmerksamkeit auf diesen einzigartigen Punkt, damit du dich immer an ihn erinnern kannst.

Es ist so warm und leicht dort, genieße es für einen Moment.

Gut so ...

Und während du ganz sicher bist, dass du diesen Ort jederzeit wieder spüren wirst, gleiten die Papierschiffchen sorglos an dir vorüber und verschwinden irgendwann am Horizont.

...

Genieße für einen Moment das tiefe Wissen in dir, dass deine Gedanken immer wie kleine Papierschiffchen an dir vorbeigleiten können, wenn du es willst.

Gut so ...

Verabschiede dich nun langsam und in deiner eigenen Geschwindigkeit von deinem Platz am Fluss.

...

Und während du Schritt für Schritt im Hier und Jetzt ankommst, streckst du die Arme und Beine aus, räkelst dich und öffnest die Augen.

- Geben Sie Ihrem Kind einen Moment Zeit, um wieder im Hier und Jetzt anzukommen, und warten Sie geduldig, was das Kind von allein zu erzählen hat.

Anregungen für Gespräche mit Ihrem Kind

Möglicherweise sind die Gedanken und Bilder Ihres Kindes andere, als Sie erwartet haben. Nehmen Sie diese Hinweise dennoch auf, denn es sind wichtige Anregungen, wie Ihr Kind mit dem Thema »Grübeln« umgeht.
Vielleicht sind aber die Papierschiffchen und das fließende Wasser hilfreiche Anhaltspunkte, um mit Ihrem Kind über dieses Thema ins Gespräch zu kommen. So könnten Sie beispielsweise die folgenden Fragen stellen: »Wie haben die Papierschiffchen denn eigentlich genau ausgesehen und sind sie tatsächlich vorbeigeschwommen? Haben sie deine Gedanken mitgenom-

men, sodass sie aus deinem Kopf verschwunden waren? Was für ein Gefühl war das, als sie einfach nur vorbeigeschwommen sind?«

Fragen Sie Ihr Kind, ob die Vorstellung der vorbeischwimmenden Papierschiffchen hilfreich war. Und fragen Sie Ihr Kind auch, ob es in Zukunft nicht gut wäre, sich diese Papierschiffchen immer dann vorzustellen, wenn die grübelnden Gedanken kommen.

Es könnte auch hilfreich sein, sich eines der Papierschiffchen gemeinsam genauer anzusehen und Ihr Kind zu fragen, was das genau für Gedanken sind, die das Papierschiffchen mit sich fortgetragen hat.

Vielleicht falten Sie gemeinsam echte Schiffchen aus Papier, schreiben einen grübelnden Gedanken darauf und lassen es in einem Bach davonschwimmen.

Nehmen Sie die Bilder der Geschichte und die Äußerungen Ihres Kindes immer wieder zum Anlass, um mit Ihrem Kind über die Themen **Gedanken im Kopf, mit Dingen gelassener umgehen und Freude am Leben** zu sprechen, und seien Sie neugierig, ob und was sich bei Ihrem Kind verändert.

Naluma, ich kann nicht schlafen!

gut, dass du mich rufst. Gehen wir lieber auf Reisen, als dass du dich von einer Seite auf die andere wälzt. Suchen wir die Ruhe und Entspannung, die dir helfen können.

Mach es dir ganz bequem und kuschlig in deinem Bett. Ob du die Augen schließt oder sie offen lässt – lass es einfach geschehen. Achte auf meine Stimme, und vielleicht ist es angenehm und schön, einfach nur all dem zu lauschen,

was es zu lauschen gibt. Oder sich ganz ruhig zu
wundern, was es zu sehen gibt.

Und mit jedem Atemzug, ohne es zu beeinflussen, entfernst du dich immer weiter vom Hier und Jetzt. Es ist
ganz angenehm und ruhig, die Geräusche zu hören, die es
zu hören gibt, die Farben zu sehen, die es zu sehen gibt,
die Gerüche zu riechen, die es zu riechen gibt.

Gut so …

Und während du gut behütet mit jedem Atemzug immer
weiter gehst, kann es sein, dass du an einen besonders
schönen See kommst.

Er liegt ganz verwunschen und ruhig vor dir. Seine Oberfläche glitzert in der Sonne und der Wind streicht sanft
über das Wasser. Spürst du den Windhauch auf deiner
Haut? Riechst du das Wasser?

Du bist so weit weg von allen Geräuschen, nur das leise
Säuseln der Blätter in den Bäumen ist zu hören. Hör genau hin, denn die Blätter singen ein Gute-Nacht-Lied für
dich. Alles um dich herum ist friedlich und du kannst alle
Dinge des Tages hinter dir lassen.

Gut so …

Das Säuseln des Windes in den Bäumen, das Glitzern der
Sonne auf dem Wasser, das alles macht dich schläfrig
und glücklich.

...

Dein Körper nimmt die Wärme in sich auf und du spürst, wie dein Gesicht, deine Arme, dein Bauch, deine Beine ganz warm und wohlig werden. Sie sind warm und schwer, und es ist so gut, dort am See zu liegen, weitab von allem.

Weit weg von allem ...

Und während du ganz warm und müde und entspannt wirst, geht dein Atem ein und aus und du wirst immer müder.

...

Heiter und völlig ruhig kannst du in dir das Gefühl entstehen lassen, ganz geborgen zu sein. Weitab von all dem, was sonst ist.

Gut so ...

Und dieses neue Gefühl der Schwerelosigkeit an diesem so guten und sicheren Ort lässt vielleicht ein Gefühl der völligen Müdigkeit durch deinen Körper ziehen, eine Müdigkeit, die so tief ist, dass sie ein wunderbarer Genuss ist.

Und während der Atem ohne dein Zutun tief ein- und ausgeht, fühlt sich dein Körper noch entspannter an.

...

Und es ist so schön und ruhig, hier zu sein. Es ist wie selbstverständlich, dass der Schlaf tief in deinem Inneren wie die Ruhe des Sees ist.

Ruhig, ganz ruhig ist es dort. Du bist weitab von allem, und gleitest hinein in einen tiefen Schlaf.

Gut so ...

- Schläft das Kind? Dann genießen Sie einfach den Anblick des schlafenden Kindes.
- Vielleicht möchten Sie auch noch sitzen bleiben und den Gedanken zu Ihren eigenen Bildern, die Sie beim Vorlesen gesehen haben, etwas Raum geben und diese genießen oder darüber nachdenken?

Anregungen für Gespräche mit Ihrem Kind

Falls Ihr Kind noch nicht schläft: Möchten Sie vielleicht einfach gemeinsam schweigen? So wie bei einem Sonnenuntergang, den man vertraut gemeinsam genießt, ohne dass man den Augenblick »zerredet«. Fragen Sie Ihr Kind, ob es allein sein möchte oder ob Sie noch eine Weile bei ihm bleiben sollen.

Oder vielleicht bieten Sie Ihrem Kind an, von seiner Reise zu erzählen. Fragen Sie es, ob es an dem Ort, den es gesehen hat, überhaupt einen See gab und ob es dort besonders schön war? Gab es ein Gute-Nacht-Lied zu hören? Wonach hat es dort gerochen? Gab es dort einen besonderen Einschlaf-Traum-Duft, den es gerochen hat?

Vielleicht möchten Sie Ihrem Kind aber auch erzählen, an was für Gerüche Sie gerne denken; schauen Sie dann vielleicht gemeinsam, ob es ähnliche Gerüche sind, die Ihnen Wohlgefühl und innere Ruhe bringen.

Oder Sie erzählen Ihrem Kind, was Ihnen selber guttut, um ruhig und entspannt zu werden.

Schlagen Sie Ihrem Kind vor, ihm diese Naluma-Geschichte jeden Abend vorzulesen, bis Naluma ganz von allein sein Einschlafbegleiter wird.

Nehmen Sie die Bilder der Geschichte und die Äußerungen Ihres Kindes immer wieder zum Anlass, um mit Ihrem Kind über die Themen **Geborgenheit und Ruhe** zu sprechen, und seien Sie neugierig, ob und was sich bei Ihrem Kind verändert.

Naluma, manchmal fühle ich mich so schwach!

Gut, dass du mich rufst. Gehen wir lieber auf Reisen und finden die Stärke und das Mutige in dir.

Mach es dir dort bequem, wo du gerade bist. Ob du die Augen schließt oder sie offen lässt – lass es einfach geschehen. Achte auf meine Stimme, und vielleicht ist es angenehm und schön, einfach nur all dem zu lauschen, was es zu lauschen gibt. Oder ganz ruhig sich zu wundern, was es zu sehen gibt. Und mit jedem Atemzug, ohne es zu beeinflussen, entfernst du dich immer mehr. Es ist ganz angenehm und ruhig, die Geräusche zu hören, die es zu hören gibt, die Farben zu sehen, die es zu sehen gibt, die Gerüche zu riechen, die es zu riechen gibt.

Und mit jedem Atemzug spürst du, wie der Atem durch deinen Körper fließt. Ohne dein Zutun wird alles in dir ruhiger, deine Gedanken haben keine Richtung, sie sind einfach nur da.

Du atmest ein und aus ..., ein und aus ..., ein und aus ...

Gut so ...

Gehen wir langsam und freudig auf unsere Entdeckungsreise.

Und während du mit mutigen Schritten immer weitergehst, gelangst du vielleicht auf einen Spielplatz. Es ist ein Spielplatz, den du schon oft besucht hast, und es macht so viel Spaß, dort zu spielen.

Nun sieh dich genau um, was es dort alles zu entdecken gibt. Du hörst, was es zu hören gibt, und du riechst, was es dort zu riechen gibt.

Vielleicht steht dort auch eine Schaukel? Geh einfach los und setz dich darauf, halt dich fest – und ab geht es in die hohen Lüfte. Von oben siehst du, wie hoch du fliegen kannst und dass du ganz kräftig bist.

Deine Hände sind stark und halten dich ganz fest. Auf deine Hände ist immer Verlass, sie sind stark.

Deine Beine schwingen in der Luft und geben dir kräftig Schwung, sie sind stark, denn sie tragen dich ja jeden Tag. Mit ihrer Kraft kannst du dich hoch in die Lüfte schwingen oder auf dem festen Boden sicher laufen.

Alles an dir ist kräftig und stark. Und während du in der Luft hin und her schwingst, genießt du die Stärke und die Kraft, die in deinem Körper wohnen und dir mit freundlichen Worten zurufen:

»Wie schön, dass du uns entdeckt hast! Wir sind immer bei dir, denk einfach an uns, an dieses starke Gefühl, dass wir gerade hier erleben. Ist es nicht toll, sich so stark und kraftvoll zu fühlen? Du kannst sicher sein, dass wir dich nicht verlassen! Wir sind so stark wie die Kette oder das Seil der Schaukel, so stark wie die Stämme der Bäume, die du von oben siehst.«

Genieße einen kleinen Moment dieses Gefühl der Kraft. Gut so ...

Und jetzt spüre mal nach, wo genau die Kraft in deinem Körper zu fühlen ist.

Es könnte im Bauch oder im Bein, im Arm oder im kleinen Zeh sein oder auch ganz woanders.

Lass dir Zeit, diesen Punkt in deinem Körper zu finden.
Spürst du dort die Kraft?
...

Wenn du den Ort in deinem Körper gefunden hast, stell
dir vor, dass diese Stelle deines Körpers dein Punkt der
Kraft und der Stärke ist. Hat er vielleicht auch eine
Form, eine Farbe oder gar einen Klang?
Vielleicht ist dieser Punkt wie ein Schatz, den du
in dir trägst. All deine Stärke und deine Kraft lie-
gen dort. Der Schatz besteht aus vielen, vielen
Stücken großer Stärke und Kraft. Wie sie leuch-
ten und glitzern!
Und während du dir deinen prachtvollen
Schatz ansiehst, spürst du tief in deinem Inne-
ren die Freude, dass du ihn entdeckt hast, und
dass du ihn jederzeit wieder anschauen kannst
und ihn immer bei dir hast, wenn du ihn brauchst.
Genieße diesen Moment.
Gut so ...
Und langsam breitet sich die Gewissheit, die Zuversicht
in dir aus, dass du deine Stärke, deine Kraft, deinen
Schatz immer bei dir haben wirst, wenn du ihn brauchst.
Spüre deinen Schatz an seinem Ort in deinem Körper.
...

Kehre langsam zurück auf die Schaukel, die sich auf deinem Lieblingsspielplatz befindet.

Lass deine Beine noch einmal kräftig Schwung holen und spüre den Luftzug auf deinem Gesicht und das Glück in deinem Inneren.

Gut so …

Die Schaukel schwingt langsam aus, du steigst ab und verabschiedest dich nun auch von dem Spielplatz.

…

Und während du mit ruhigen Schritten und in deiner eigenen Geschwindigkeit gehst, kommst du langsam wieder hier im Zimmer an und öffnest die Augen. Vielleicht möchtest du dich noch einmal kräftig räkeln und deine Arme und Beine so kraftvoll, wie du Lust hast, ausstrecken und lang machen?

- Geben Sie Ihrem Kind einen Moment Zeit, um wieder im Hier und Jetzt anzukommen, und warten Sie geduldig, was das Kind von allein zu erzählen hat.

Anregungen für Gespräche mit Ihrem Kind

Vielleicht fragen Sie Ihr Kind, ob es tatsächlich seinen Lieblingsspielplatz besucht hat. Oder war es ein anderer Ort, an dem die Schaukel stand? Seien Sie neugierig und fragen Sie, wie hoch Ihr Kind auf der Schaukel geflogen ist: »Was für ein Gefühl war das, so hoch hinaus zu fliegen?«

Sie können sich auch danach erkundigen, was Ihr Kind sonst noch alles Interessantes erlebt hat: »Wie hat es an diesem Ort ausgesehen, hat die Sonne geschienen, waren noch andere Menschen dort?«

Möglicherweise ist es auch interessant zu erfragen, ob diese Bilder und Gefühle für Ihr Kind hilfreich waren.

Vielleicht nehmen Sie dieses Bild zum Anlass, später tatsächlich mit Ihrem Kind auf den Spielplatz zu gehen und zu schaukeln.

Wenn Sie mögen, öffnen Sie noch einmal die Schatztruhe und schauen gemeinsam hinein. Gibt es dort noch andere Dinge zu entdecken? Doch im Mittelpunkt steht vor allem die Frage: »Wie sieht die Stärke aus, die in deiner Schatztruhe liegt? Hat sie eine besondere Farbe und Form? Und wo im Körper kannst du diese Kraft spüren?«

Lassen Sie sich diesen Punkt im Körper genau beschreiben und bitten Sie Ihr Kind, seine Hand genau auf diese Stelle zu legen.

Legen auch Sie Ihre Hand darauf und genießen Sie beide für einen Moment, dass sich dort die ganze Stärke, die Kraft und der Mut Ihres Kindes befinden.

Geben Sie Ihrem Kind die Sicherheit, dass es diesen Punkt, diese Kraft immer in sich trägt.

Nehmen Sie die Bilder der Geschichte und die Äußerungen Ihres Kindes immer wieder zum Anlass, um mit Ihrem Kind über die Themen **Schwäche, Stärke und Selbstbewusstsein** zu sprechen, und seien Sie neugierig, ob und was sich bei Ihrem Kind verändert.

NALUMA, ICH FÜHLE MICH WIE EIN HÄSSLICHES ENTLEIN!

gut, dass du mich rufst. Gehen wir lieber auf Reisen und finden das Schöne in dir.

Mach es dir bequem, gerade dort, wo du dich befindest. Ob du die Augen schließt oder sie offen lässt – lass es einfach geschehen. Achte auf meine Stimme, und vielleicht ist es angenehm und schön, einfach nur all dem zu lauschen, was es zu lauschen gibt. Oder ganz ruhig sich zu wundern, was es im Inneren zu sehen gibt.

...

Und mit jedem Atemzug, ohne es zu beeinflussen, wirst du ruhiger und spürst, wie erst dein Gesicht, dann deine Arme und Schultern, später dein Bauch und deine Beine immer lockerer werden.

Gut so ...

Es fühlt sich alles ganz angenehm und ruhig an. Vielleicht sind dort Geräusche, die es zu hören gibt, Farben, die es zu sehen gibt und Gerüche, die es zu riechen gibt.

Mit jedem Atemzug spürst du, wie der Atem durch deinen Körper fließt. Alles wird ruhiger, deine Gedanken haben keine Richtung, sie sind einfach nur da. Und während du ein- und ausatmest, gehen wir auf Reisen.

Gut so ...

Vielleicht stellst du dir vor, dass wir in einen Zoo gehen. Du kannst schon das Eingangstor sehen und bist ganz neugierig, was dich dahinter erwartet. Schau dich genau um, was es alles zu sehen gibt.

Und während du durch das Tor in den Tierpark gehst, hörst du möglicherweise schon die Stimmen der Tiere. Kannst du ihren Geruch riechen?

...

Immer weiter gehst du auf den Wegen und bemerkst die lustigen Affen, wie sie miteinander spielen oder einfach nur faul auf einem Ast sitzen. Schau dir ihr schönes, braunes Fell an. Ihre kugelrunden freundlichen Augen beobachten dich aufmerksam. Sie sind so schön anzusehen.

Vielleicht hörst du das Trompeten der großen und starken Elefanten? Schau sie dir genau an. Und während du in ihren Anblick versunken bist, spürst du wie von selbst, dass auch du groß und stark bist.

Gut so ...

Vielleicht entdeckst du auch noch andere Tiere, die du ganz besonders magst.

...

Welches Tier auch immer du dir anschaust, sei neugierig darauf, wie es aussieht und was es alles macht.

Jedes Tier ist etwas ganz Besonderes.

Alles gehört zu ihnen. Sie sind einfach schön und zufrieden, so wie sie sind.

Und wie von selbst und obwohl du es eigentlich schon weißt, kannst du dich daran erfreuen, dass auch du etwas ganz Besonderes bist.

Gut so ...

Genieße die Schönheit der unterschiedlichen Tiere, lass dir Zeit, schau sie dir in Ruhe an, rieche ihren Geruch, höre, welche Laute sie von sich geben. Sie sind einmalig, so wie du! Und während du ganz versunken in den Anblick der schönen Tiere bist, hörst du von Weitem das Plätschern eines Teiches.

...

Siehst du ihn schon? Und hörst du die Geräusche der Vögel auf dem Teich? Welche Vögel siehst du? Vielleicht sind es die großen weißen Schwäne oder die kleinen bunten Enten? Die Enten haben gerade Küken bekommen, die noch ganz flauschig sind und niedlich auf ihren winzigen Füßchen watscheln. Und während sie hinter ihrer Mama herlaufen, kannst du sie ganz genau beobachten. Bei einigen sieht man unter den flauschigen gelben Federn schon das neue Gefieder durchschimmern. Sie werden eines Tages stolze Enten sein, mit einem wunderbar schimmernden Federkleid.

Sie sind als Enten genauso stolz auf ihr Federkleid wie der große weiße Schwan oder andere Vögel. Die Enten können überall hinfliegen, haben starke Flügel, die sie oben am Himmel tragen.

Bis sie aber die Kraft ihrer Flügel spüren und durch die Seen schwimmen und am Himmel fliegen können, müssen sie ihr Federkleid wechseln und vom kleinen Entlein zur großen schönen Ente werden.

Stell dir vor, wie es sich anfühlt, als starke, große Ente durch die Seen zu schwimmen und wie es ist, wenn du so viel Kraft besitzt.

Gut so ...

Und vielleicht breitet sich in deinem Inneren das warme Gefühl aus, das entsteht, wenn du entdeckst, dass jeder seinen guten Platz, sein eigenes Aussehen, seine eigenen Töne, seinen eigenen Geruch hat.

Während du tief in deinem Inneren die Zuversicht spürst, dass es gut ist, so zu sein, wie du bist, breitet sich dieses wohltuende Gefühl in deinem ganzen Körper aus. Alles ist richtig und gut!

Gut so ...

Zuversichtlich gehst du in deinem eigenen Tempo den Weg vom Teich zurück zu den anderen Tieren. Du schaust dich noch einmal in Ruhe um und verabschiedest dich von allen.

Langsam verlässt du den Zoo, die Tierstimmen werden leiser und leiser, bis sie nicht mehr zu hören sind.

...

Und während du ein- und ausatmest, ein- und ausatmest, ein- und ausatmest, räkelst du dich, streckst die Arme und Beine aus und kommst in deiner eigenen Geschwindigkeit wieder in deinem Zimmer an.

- Geben Sie Ihrem Kind einen Moment Zeit, um wieder im Hier und Jetzt anzukommen, und warten Sie geduldig, was das Kind von allein zu erzählen hat.

ANREGUNGEN FÜR GESPRÄCHE MIT IHREM KIND

Vielleicht will Ihr Kind jetzt noch nicht über seine Reise reden; dann sollten Sie Ihr Kind fragen, wann es Ihnen von seinen Erlebnissen erzählen möchte.

Fragen Sie zu gegebener Zeit nach und lassen Sie sich von Ihrem Kind erzählen, was es alles erlebt hat: »Bist du in deiner Fantasie im Zoo gewesen, oder wo warst du? Welche Tiere hast du gesehen und welche haben dir besonders gut gefallen?«

Seien Sie neugierig, um welche Tiere es sich handelt und merken Sie sich, von welchen Tieren Ihr Kind berichtet. Gerade diese Tiere können später immer mal wieder als positive Verstärker dienen, wenn Ihr Kind sich niedergeschlagen fühlt. Das könnte sich dann so anhören: »Erinnerst du dich, wie toll du ... gefunden hast und wie schön es ist?«

Fragen Sie Ihr Kind, welche Bilder am schönsten waren. Lassen Sie sich alles genau erklären. Vielleicht mag Ihr Kind Ihnen ja auch erzählen, welche Gefühle noch nachklingen, wenn es an diese Bilder denkt?

Möglicherweise könnten Sie auch Ihr Kind fragen, wie sich die schöne und erwachsene Ente fühlt, wenn sie auf dem Teich schwimmt, und ob sie wohl weiß, dass sie etwas ganz Besonderes ist.

Versichern Sie Ihrem Kind, dass es für Sie etwas ganz Besonderes, etwas Einmaliges ist.

Vielleicht mögen Sie Ihrem Kind auch davon erzählen, wie es war, als Sie selber ein Kind waren. Gab es damals auch Momente, in denen Sie sich nicht sicher waren, dass aus Ihnen eine »schöne und stolze Ente« werden würde? Nehmen Sie die Bilder der Geschichte und die Äußerungen Ihres Kindes immer wieder zum Anlass, um mit Ihrem Kind über die Themen **Erwachsenwerden, Einzigartigkeit und Selbstbewusstsein** zu sprechen, und seien Sie neugierig, ob und was sich bei Ihrem Kind verändert.

47

NALUMA, MANCHMAL BIN ICH SO ÄNGSTLICH!

gut, dass du mich rufst. Gehen wir lieber auf Reisen und finden das Starke in dir.

Mach es dir in deinem Stuhl bequem. Ob du die Augen schließt oder sie offen lässt – lass es einfach geschehen. Achte auf meine Stimme, und vielleicht ist es angenehm und schön, einfach nur all dem zu lauschen, was es zu lauschen gibt. Oder ganz ruhig sich zu wundern, was es zu sehen gibt. Und mit jedem Atemzug, ohne es zu beeinflussen, immer weiter zu gehen. Es ist ganz angenehm und schön, die Geräusche zu hören, die es zu hören gibt, die Farben zu sehen, die es zu sehen gibt, die Gerüche zu riechen, die es zu riechen gibt.

Gut so ...

Mit jedem Atemzug spürst du, dass der Atem wie Wasser durch deinen Körper fließt. Ohne dein Zutun wird alles ruhiger, deine Gedanken haben keine Richtung, sie sind einfach nur da. Und während du ein- und ausatmest, gehst du langsam und freudig los.

...

Siehst du die Treppe vor dir, die in diesen wunderbaren Garten führt?

Stufe um Stufe gehst du ganz langsam die Treppe hinunter, weiter in den Garten, und kommst wie von selbst auf eine schöne und bunte Wiese. Schau dich genau um, nimm wahr, was es zu sehen, was es zu riechen und was es zu hören gibt.

Vielleicht ist dir die Wiese ja bekannt oder du findest einen Ort, den dein Inneres für dich gefunden hat. Genieße diesen Platz.

Atme ein und aus und vielleicht bist du neugierig darauf, was es noch zu entdecken gibt.

...

Vielleicht bist du auch nicht allein an diesem Ort. Schau dich um – möglicherweise findest du ja einen Freund, eine Freundin, einen Helfer, eine Helferin. Schau dich genau um. Hast du jemanden entdeckt?

…

Das Wesen, das du entdeckt hast, kann alles sein. Es ist deins. Es hilft dir, es steht immer an deiner Seite. Es hat so viel Kraft und Ausdauer, Stärke und Mut. Vielleicht kann es dich ja bei der Hand nehmen oder sich hinter dich stellen.

Es kann auch ganz klein werden, sodass du es in der Hosentasche immer mitnehmen kannst. Es wird dir von seiner Kraft und Stärke so viel abgeben, wie du brauchst. Nimm es einfach mit, denn es ist jetzt deins.

…

Deine Kraft, deine Stärke. Spür ganz genau, wie sich diese Stärke anfühlt. Ist sie überall? Hat sie einen besonderen Ort in deinem Körper? Geh mit dieser Stärke, mit diesem stärkenden Helfer ganz entspannt und fröhlich auf die Reise. Er ist immer an deiner Seite und passt gut auf dich auf. Genieß diesen Zustand. Du kannst ganz sicher sein, dass du nie mehr ohne Stärke sein wirst.

…

Und während die Stärke und die Kraft sich einen guten Platz bei dir gesucht haben und du sicher sein kannst, dass dir alles immer wieder zur Verfügung stehen wird, wenn du es brauchst, kannst du dich in deinem eigenen Tempo von der Wiese verabschieden und Schritt für Schritt auf die Treppe zugehen.

Jede Stufe der Treppe bringt dich dem Hier und Jetzt näher. Und wenn ich jetzt rückwärts zähle,

von vier auf drei ... von drei auf zwei ... von zwei auf eins ...,

dann öffnest du bei »eins« deine Augen, räkelst und streckst dich kräftig und bist wieder in deinem Zimmer angekommen.

• Geben Sie Ihrem Kind einen Moment Zeit, um wieder im Hier und Jetzt anzukommen, und warten Sie geduldig, was das Kind von allein zu erzählen hat.

Anregungen für Gespräche mit Ihrem Kind

Vielleicht fragen Sie Ihr Kind nach den Bildern, den Geräuschen, der stärkenden Figur, die es begleitet hat. Wie sah diese Figur genau aus? Lassen Sie sich die konkreten, kleinen, feinen Einzelheiten beschreiben, die es entdeckt hat.

»Gab es einen Helfer, eine Helferin oder war da in deiner Vorstellung etwas ganz anderes? Wuchsen auch Blumen auf der Wiese? Welche Farbe hatten die Blumen? Hat die Sonne geschienen? Wie groß hast du dir deinen Helfer, deine Helferin vorgestellt und wie klein hast du ihn dann werden lassen? War das Wesen leicht und passte es gut in die Hosentasche?«

Wenn Sie mögen, können Sie die Geschichte auch zum Anlass nehmen, um mit Ihrem Kind einmal über das Thema Ängstlichkeit zu reden: Über große und kleine Ängste, wann Angst gut ist, wann schlecht, was Sie tun, wenn Sie selbst Angst haben, und was Ihnen dann hilft. Vielleicht haben Sie auch einen inneren Freund, der Ihnen Kraft gibt, und mögen Ihrem Kind davon erzählen?

Lassen Sie sich genau den Ort im Körper beschreiben, an dem Ihr Kind die Stärke abgespeichert hat und bestärken Sie es darin, diesen Ort in seiner Fantasie immer dann aufzusuchen, wenn es seine Stärke braucht.

Auch seine helfende Figur sollte einen festen Platz zuge-
wiesen bekommen, beispielsweise rechts neben Ihrem
Kind oder hinter ihm. Bitten Sie Ihr Kind, sich diesen Platz
auszusuchen, damit der Helfer immer weiß, wo er sein
muss, wenn seine Hilfe benötigt wird.

Bestärken Sie Ihr Kind darin, sich immer an den inneren
Helfer zu wenden, wenn es ihn braucht. Geben Sie Ihrem
Kind in diesem Zusammenhang unbedingt die Gewissheit, dass Sie als erwachsener Mensch es immer beschützen werden.

Nehmen Sie die Bilder der Geschichte und die Äußerungen Ihres Kindes immer wieder zum Anlass, um mit Ihrem
Kind über das Thema **Die Suche nach inneren Helfern
und Zuversicht** zu sprechen, und seien Sie neugierig, ob
und was sich bei Ihrem Kind verändert.

NALUMA, MANCHMAL KANN ICH VOR AUFREGUNG NICHTS ESSEN!

Gut, dass du mich rufst. Gehen wir lieber auf Reisen und finden das Ruhige und Liebevolle in dir.
Lehne dich in deinem Sessel oder deinem Bett zurück und spüre, dass dein Rücken, dein Po, deine Beine es ganz gemütlich und stabil haben.

Mach es dir so bequem, wie du es haben willst. Ob du die Augen schließt oder sie offen lässt – lass es einfach geschehen. Achte auf meine Stimme, und vielleicht ist es angenehm und schön, einfach nur all dem zu lauschen, was es zu lauschen gibt. Oder ganz ruhig sich zu wundern, was es in deinem Inneren für Bilder zu sehen gibt.

Atme ein und aus ..., ein und aus ..., ein und aus ...

Und mit jedem Atemzug, ohne es zu beeinflussen, wirst du immer ruhiger und entspannter.

Gut so ...

Es ist so angenehm und ruhig, die Geräusche zu hören, die es zu hören gibt, die Farben zu sehen, die es zu sehen gibt, die Gerüche zu riechen, die es zu riechen gibt.

Mit jedem Atemzug spürst du, wie der Atem durch deinen Körper fließt. Alles wird ruhiger, deine Gedanken haben keine Richtung, sie sind einfach nur da.

Und während du ein- und ausatmest, gehen wir auf Reisen und suchen das Ruhige und Liebevolle in dir. In deiner inneren Vorstellung gehst du auf eine Wiese, Schritt für

Schritt, ganz langsam, und dort findest du alles, was du magst.

Schöne Blumen begleiten dich, vielleicht weht auch ein leichter Wind, das Gras leuchtet hellgrün und am Himmel scheint die Sonne. Es ist so ein schöner Tag!

Vielleicht spürst du das Gras unter deinen Füßen, den Wind in deinen Haaren und die Sonne auf deinem Gesicht. Ach, es ist so schön hier!

Schau dich um und genieße diese wunderschöne Wiese.

Gut so ...

Und während du über die Wiese hüpfst, findest du einen alten Baumstamm, der eine große, einladende Öffnung hat, und du trittst hinein.

Innen ist es so gemütlich, schau dich um.

Dieser gute Raum lädt dich ein, dort ein wenig länger zu bleiben. Weiche Kissen liegen herum, alles ist wohlig und gemütlich gepolstert und es gibt nichts, was dich stört. Es gibt nur ganz viel Ruhe.

Es ist ein sicherer Ort, der nur dir gehört.

Vielleicht brauchst du an diesem Ort noch andere Dinge, damit es dir ganz besonders gut geht. Und wie durch Zauberhand sind sie da und du kannst dir deinen guten Ort einrichten.

Richte ihn dir ganz nach deiner Vorstellung ein, genau so, wie du ihn haben möchtest. Niemand stört dich, denn es ist dein sicherer Ort.

Gut so ...

Und während du dich an diesem Ort ausruhst, spürst du, dass auch dein Bauch sich ausruht. Er fühlt sich ganz warm und wohlig an. Und tief aus deinem Inneren hörst du die leise Stimme deines Bauches: »Hallo, ich bin dein Bauch und ich bin dein bester Freund. Weißt du, dass ich gerade Hunger habe? Ich habe eigentlich immer Lust zu essen, und wenn ich gut gefüllt bin, dann geht es mir sehr gut und ich habe gute Laune. Vor allem kann ich dir helfen, groß und stark zu werden! Du kannst auf mich hören, sooft du willst. Du brauchst bloß an diesen sicheren Ort zu denken, dann ist deine Aufregung weg und du gibst mir etwas zu essen.«

Warm und ruhig sitzt du in deiner sicheren, guten Höhle und genießt es, dass dein Bauch mit dir spricht und dich braucht. Ihr seid gute Freunde, dein Bauch und du.

Und weil du jetzt tief in deinem Inneren sicher sein kannst, dass ihr gute Freunde seid und dein Bauch in Zukunft immer von dir gehört wird, wenn er hungrig ist, und du ihn dann füttern wirst, kannst du dich jetzt ganz langsam von deinem sicheren Ort verabschieden.

Gut so ...

Langsam gehst du den Weg über die Wiese zurück und siehst und hörst und riechst und fühlst, was es dort zu sehen, zu hören, zu riechen und zu fühlen gibt.

Gut so ...

Und während du ein- und ausatmest, räkelst du dich und streckst deine Arme und Beine. Du öffnest die Augen und kommst in deinem eigenen Tempo wieder in deinem Zimmer an.

---

* Geben Sie Ihrem Kind einen Moment Zeit, um wieder im Hier und Jetzt anzukommen, und warten Sie geduldig, was das Kind von allein zu erzählen hat.

Anregungen für Gespräche mit Ihrem Kind

Lassen Sie sich den sicheren Ort beschreiben und seien Sie neugierig, was Ihrem Kind alles wichtig ist, um sich ganz sicher zu fühlen. Nutzen Sie dieses Wissen, um für sich zu überlegen, was Sie in der Realität als Eltern dazu beitragen können, um Ihrem Kind diese Sicherheit zu vermitteln.

Fragen Sie beispielsweise: »Kannst du mir erzählen, wie du dich gefühlt hast, als du an deinem sicheren Ort warst?«

Mögen Sie Ihrem Kind erzählen, wo Sie sich ganz sicher und gut aufgehoben fühlen?

Erkundigen Sie sich bei Ihrem Kind, wie es sich den freundlichen Bauch vorgestellt hat, wie er ausgesehen hat und welche Farbe er hatte.

Vielleicht ermuntern Sie Ihr Kind, den freundlichen Bauch einmal aufzumalen, damit Sie ihn sich gemeinsam ansehen können.

Was auch immer Sie zu hören oder zu sehen bekommen, nehmen Sie diese Fantasiebilder auf und versichern Sie Ihrem Kind, dass der Bauch ein unglaublich guter Freund ist und immer etwas zu essen haben will, damit er bei guter Laune bleibt. Versichern Sie Ihrem Kind, dass sich zwei

Freunde immer aufeinander verlassen können, genauso wie Ihr Kind sich immer auf Sie verlassen kann.

Haben Sie auch einen guten Freund, eine gute Freundin, auf den oder die Sie sich verlassen können? Dann erzählen Sie Ihrem Kind von dieser Freundschaft.

Vielleicht fragen Sie Ihr Kind, wie laut der Bauch gesprochen hat und was Ihr Kind tun kann, um ihn auch in Zukunft zu hören, wenn er hungrig ist.

Lassen Sie Ihrem Kind Zeit, damit es sich einen guten Plan ausdenken kann, wann und wie es dem Bauch und ihm gelingen kann, richtige Freunde zu werden.

Vielleicht verabreden Sie einen Zeitraum, in dem Ihr Kind nun erst einmal üben kann, dem Bauch zuzuhören, um Ihnen dann zu erzählen, wie es war.

Nehmen Sie die Bilder der Geschichte und die Äußerungen Ihres Kindes immer wieder zum Anlass, um mit Ihrem Kind über die Themen **Hunger spüren, sich satt und zufrieden fühlen und aufgeregt sein** zu sprechen, und seien Sie neugierig, ob und was sich bei Ihrem Kind verändert.

Naluma, ich traue mir nichts zu!

gut, dass du mich rufst. Gehen wir lieber auf Reisen und finden die Neugier und das Zutrauen in dir.

Mach es dir dort, wo du gerade bist, gemütlich. Achte auf meine Stimme, und vielleicht ist es angenehm und schön, einfach nur all dem zu lauschen, was es zu lauschen gibt. Oder dich ganz ruhig zu wundern, was es in deinem Inneren zu sehen gibt. Ob du die Augen schließt oder sie offen lässt – lass es einfach geschehen.

Und mit jedem Atemzug – du atmest ein und aus ..., ein und aus ..., ein und aus – wirst du immer ruhiger.

Gut so ...

Genieße es, das zu hören, was es gerade zu hören gibt, die Farben zu sehen, die es zu sehen gibt, die Gerüche zu riechen, die es zu riechen gibt.

Mit jedem Atemzug spürst du, wie der Atem von oben bis unten langsam durch deinen Körper fließt. Alles in dir wird ruhiger, deine Gedanken haben keine Richtung, sie sind einfach nur da.

Und während du ein- und ausatmest, gehen wir auf Reisen.

Schau in deinen Gedanken nach oben in den Himmel. Siehst du, wie schön blau der Himmel ist, wie die Wolken weiß und leicht dahinziehen und wie warm die Sonne auf dein Gesicht scheint?

Spürst du die Wärme in deinem Gesicht?

Gut so ...

Und wie von selbst breitet sich die Wärme langsam in deinem gesamten Körper aus. Es ist, als wenn die Wärme und das Strahlen der Sonne dich mit ihrem Licht und ihrer Kraft ganz ausfüllen.

Spürst du diese Kraft?

Gut so ...

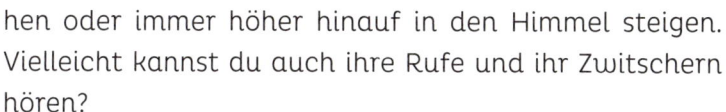

Es ist ein schönes Gefühl, so voller Kraft zu sein, und du bekommst richtig Lust, die Vögel am Himmel näher zu betrachten. Wie sie dort am Himmel auf und ab fliegen, ihre Kreise ziehen oder immer höher hinauf in den Himmel steigen. Vielleicht kannst du auch ihre Rufe und ihr Zwitschern hören?

...

Höre genau hin, denn vielleicht wollen sie dir ihre Geschichte erzählen? Wie es war, als sie klein und schutzbedürftig im Nest gesessen haben und von ihren Eltern versorgt wurden?

Vielleicht wollen sie dir auch erzählen, wie sie dann eines Tages groß genug waren, um einfach loszufliegen, sich in die Lüfte zu erheben. Sie wussten anfangs nicht, wie es sich anfühlt zu fliegen. Vielleicht waren sie auch ein wenig zögerlich und hatten Bedenken, wie es sein würde, wenn sie fliegen und ob sie das überhaupt können.

Aber ihre Eltern haben sie immer wieder unterstützt und ihnen gesagt: »Trau es dir zu! Du kannst fliegen! Dir passiert nichts! Alle Vögel können fliegen, du musst es dir nur zutrauen. Probiere es einfach aus. Du wirst merken, wie schön es ist, durch die Luft zu gleiten und die Welt von oben zu betrachten. Du hast genügend Kraft in deinen

Flügeln. Sie tragen dich bei jedem Wetter. Du kannst jedem Wind und Sturm trotzen, denn du kannst sehr gut fliegen!«

Die Vogeleltern machten ihren Jungen auch Mut, indem sie ihnen versprachen: »Wir werden dich immer begleiten, und wenn du einmal nicht weißt, wie oder wohin du fliegen willst, kannst du uns immer fragen. Und später wirst du viele Freunde haben, mit denen du gemeinsam fliegen kannst.«

Und eines Tages dann wussten die kleinen Vögel, dass sie es sich zutrauen können zu fliegen. Sie waren sich sicher, dass sie fliegen können, denn ihre Eltern hatten ihnen all ihr Wissen und ihre Kraft mitgegeben, um sicher und gut fliegen zu können.

Wie wäre es, wenn die Vögel dich einladen, mit ihnen durch die Lüfte zu gleiten?

Welcher Vogel auch immer du sein möchtest, spüre die Kraft deiner Flügel. Jeder Flügelschlag macht dich so glücklich. Und die Sonne und die Wärme in deinem Inneren lassen dich leicht und kraftvoll sein.

Sieh wie ein Vogel von ganz weit oben hinab auf alles, was es zu sehen gibt.

Höre, was es zu hören gibt. Fühle den Wind in deinem Gesicht. Genieße das Gefühl, dass du es dir zugetraut hast.

Gut so ...

Gleite in dem Wissen dahin, dass du dieses Gefühl immer wieder in dir spüren wirst, wenn du dir etwas zugetraut hast.

Gut so ...

Verabschiede dich nun langsam von den Vögeln.

Gut so ...

Und langsam und behutsam und in deinem eigenen Tempo kehre ins Hier und Jetzt zurück. Atme kräftig ein und aus, strecke die Arme und Beine, fühle den Sitz unter dir und schlage die Augen auf.

---

* Geben Sie Ihrem Kind einen Moment Zeit, um wieder im Hier und Jetzt anzukommen, und warten Sie geduldig, was das Kind von allein zu erzählen hat.

Anregungen für Gespräche mit Ihrem Kind

Seien Sie besonders achtsam bei den Bildern, die Ihr Kind Ihnen anbietet, denn in dieser Geschichte geht es um die Selbstwahrnehmung und Selbstsicherheit Ihres Kindes. Konnte sich Ihr Kind in die kleinen Vögel hineinversetzen? Erkundigen Sie sich: »Wie war das, so aus dem Nest zu fliegen, mutig und kraftvoll? Hast du die Kraft gespürt? Erzähl mir ganz genau, wie es sich angefühlt hat, so durch die Luft zu fliegen!« Was würde sich Ihr Kind wünschen, damit dieser Mut, dieses Selbstvertrauen der kleinen Vögel auch in seinem Alltag vorhanden ist? Seien Sie neugierig, was Ihrem Kind dazu einfällt und achten Sie darauf, ob Sie als Eltern etwas davon realisieren könnten.

Vielleicht denken Sie sich gemeinsam neue Bilder aus, die Ihr Kind stark und mutig machen. Oder Sie bieten Ihrem Kind an, diese Naluma-Geschichte häufiger vorzulesen, damit es sich das gute Gefühl der Kraft und der Wärme immer wieder vorstellen kann.

»Wie würde denn deine Kraft aussehen? Wie würde wohl das Zutrauen in deine Fähigkeiten aussehen?« Lassen Sie sich alles genau beschreiben. Vielleicht erzählen auch Sie, wie es bei Ihnen war oder ist, wenn Sie sich einmal etwas nicht zugetraut haben. Was hat Ihnen geholfen, Zutrauen zu Ihren Fähigkeiten zu entwickeln? Was können Sie besonders gut und worauf sind Sie stolz?

Nutzen Sie das Bild der Vogeleltern, die ihre Vogelkinder im Nest immer behütet haben: »Genauso behüten und schützen wir dich auch! Die Vogelkinder können sich auf ihre Eltern genauso verlassen, wie du dich auf uns verlassen kannst!«

Nehmen Sie die Bilder der Geschichte und die Äußerungen Ihres Kindes immer wieder zum Anlass, um mit Ihrem Kind über die Themen **Einzigartigkeit, Selbstbewusstsein und Zutrauen zu sich selber** zu sprechen, und seien Sie neugierig, ob und was sich bei Ihrem Kind verändert.

Naluma, mein Papa (meine Mama) wohnt nicht mehr bei uns!

Gut, dass du mich rufst. Gehen wir lieber auf Reisen und finden die Sicherheit und Geborgenheit, die du jetzt brauchst.

Mach es dir dort, wo du gerade bist, ganz bequem und kuschelig. Ob du die Augen schließt oder sie offen lässt – mach es einfach so, wie dir zumute ist.

Atme ein und aus …, ein und aus …, ein und aus …

Gut so …

Achte auf meine Stimme oder lausche all dem, was es gerade zu hören gibt. Oder vielleicht wunderst du dich, welche Bilder du in deinem Inneren siehst.

Lass es einfach geschehen und atme ein und aus. Und mit jedem Atemzug wirst du immer ruhiger und genießt das Dahinplätschern deiner Gedanken. Sie haben kein Ziel, sie sind einfach da. Und während du sanft, Schritt für Schritt, mit jedem Atemzug immer ruhiger und entspannter wirst, gehen wir auf Reisen.

…

Stell dir in deiner Fantasie einen Raum vor, den nur du kennst. Vielleicht ist er ganz weit weg, vielleicht aber auch ganz nah.

…

Ein Raum, der nur dir gehört, zu dem kein anderer Zutritt hat.

Dieser Raum ist wunderschön. Du kannst ihn so einrichten, wie du es möchtest. Stell dir deinen sicheren Ort einmal ganz genau vor. Vielleicht gibt es bestimmte Möbel, die dort unbedingt stehen sollen. Überlege auch, welche Farben dir besondere Freude machen. Vielleicht riecht es in deinem sicheren Raum besonders gut oder du hörst schöne Geräusche, die dich ganz zufrieden stimmen.

Gut so …

Schau dich an deinem sicheren Ort um. Bist du zufrieden mit dem, was du siehst und hörst und riechst?

…

Sind auch all die Dinge in diesem Raum, die du besonders magst? Lass dir die Zeit, alles genau zu betrachten und genieße das Gefühl, dass es dort ganz ruhig und gemütlich ist und dass du dorthin einladen kannst, wen du willst.

Gut so …

Vielleicht möchtest du dir auch vorstellen, dass dein Papa (deine Mama) mit in diesem besonderen Raum ist, wann immer du willst.

Lade ihn (sie) jetzt ein und öffne ihm (ihr) die Tür.

Siehst du sein (ihr) Gesicht, wie er (sie) sich freut, dass er (sie) kommen durfte?

Was hat er (sie) angezogen?

Riecht er (sie) so gut wie immer?

Spürst du seine (ihre) Hand auf deiner Wange und wie warm sie ist?

Genieße diesen Moment des Zusammenseins.

Es gibt keine Eile, es gibt nur
das wunderbare Gefühl, dass ihr
zusammen seid.
Gut so ...
Vielleicht kannst du diesen Moment wie ein Bild auf
einem Foto abspeichern. Schau dir genau an, was es zu
dort zu sehen, zu riechen, zu hören und zu fühlen gibt.
Gut so ...
Und ohne dass du es merkst, weißt du tief in deinem Inneren, dass dein Papa (deine Mama) jederzeit wieder zu
dir in deinen sicheren Raum kommt, wann immer du das
möchtest. Dieser besondere Ort gehört nur euch beiden.
Wann immer du in diesem Raum bist, kannst du deinen
Papa (deine Mama) bei dir haben.
...

Mit diesem guten inneren Wissen und Gefühl kannst du
dich nun langsam von deinem Papa (deiner Mama) verabschieden. Spürst du seine (ihre) warme Hand auf deiner Wange? Diese Wärme wird dir bleiben, genau an dieser Stelle.
...

Schau dich noch einmal an deinem sicheren Ort um.
Nimm die Wärme seiner (ihrer) Hand auf deiner Wange
und das in dir gespeicherte Bild von euch beiden mit.

Verabschiede dich nun ganz langsam und in deinem eigenen Tempo.

...

Und während du kräftig ein- und ausatmest, streckt du vielleicht die Arme und Beine, spannst deinen Körper an, öffnest die Augen und bist wieder in deinem Zimmer angekommen.

---

* Geben Sie Ihrem Kind einen Moment Zeit, um wieder im Hier und Jetzt anzukommen, und warten Sie geduldig, was das Kind von allein zu erzählen hat.

ANREGUNGEN FÜR GESPRÄCHE MIT IHREM KIND

Vielleicht müssen auch Sie Ihre Gedanken erst einmal sortieren und hängen den Erinnerungen an eine gemeinsame, aber vergangene Familiensituation nach.
Zudem ist eine Trennung immer mit Verletzungen, Trauer und möglicherweise auch mit Wut auf den anderen verbunden. Aber bedenken Sie, dass Sie als erwachsener Mensch diese Entscheidung getroffen haben, nicht Ihr Kind.

Geben Sie Ihrem Kind deshalb Raum und Gelegenheit, die Abwesenheit vom Papa (von der Mama) zu betrauern und das neue Lebensmodell in seinen kindlichen Alltag zu integrieren.

Fragen Sie Ihr Kind, wie sein sicherer Raum ausgesehen hat. Wie war er eingerichtet? Wie hat es sich angefühlt, den Papa (die Mama) einzuladen und ganz für sich allein zu haben?

Seien Sie darauf vorbereitet, dass diese inneren Bilder Trauer und Tränen bei Ihrem Kind auslösen können und würdigen Sie diese Trauer entsprechend.

Vielleicht können Sie Ihrem Kind auch Ihre eigenen Gefühle andeuten, indem Sie ihm etwa erklären, dass es für alle Beteiligten in der Familie eine schwere Zeit ist, dass es aber wunderbar ist, sich jemanden in der Fantasie vorzustellen, den man vermisst.

Ermuntern Sie Ihr Kind, sich immer dann den Papa (die Mama) vorzustellen, wenn es Sehnsucht nach ihm (ihr) hat.

Geben Sie Ihrem Kind die Gewissheit, dass es ganz normal ist, seinen Papa (seine Mama) zu vermissen und dass Sie als Eltern gemeinsam nach einer guten Lösung suchen und diese auch finden werden.

Möglicherweise hat Ihr Kind interessante eigene Ideen, wie die Besuchsregelung aussehen könnte? Seien Sie neugierig, welche Vorschläge Ihr Kind macht und überlegen Sie, was davon realisierbar wäre.

Geben Sie Ihrem Kind viel Zeit, diese neue Lebenssituation zu verkraften. Festigen Sie das Bild des inneren, sicheren Ortes, das man immer in seinem Inneren trägt. Vielleicht haben auch Sie solch einen Ort und können Ihrem Kind erzählen, wann dieser Ort hilfreich für Sie war.

Nehmen Sie die Bilder der Geschichte und die Äußerungen Ihres Kindes immer wieder zum Anlass, um mit Ihrem Kind über die Themen **Sicherheit, Geborgenheit und Liebe der Eltern zu ihren Kindern** zu sprechen, und seien Sie neugierig, ob und was sich bei Ihrem Kind verändert.

NALUMA, ICH HABE ANGST VOR DER KLASSENARBEIT!

g ut, dass du mich rufst. Gehen wir lieber auf Reisen und finden das Wissen und Können in dir.

Mach es dir bequem. Ob du die Augen schließt oder sie offen lässt – lass es einfach geschehen. Achte auf meine Stimme, und vielleicht ist es angenehm und schön, einfach nur all dem zu lauschen, was es zu lauschen gibt. Oder ganz ruhig dich zu wundern, was es in deiner Fantasie alles zu sehen gibt.

Und mit jedem Atemzug, ohne es zu beeinflussen, wirst du immer ruhiger.

Du atmest ein und aus ..., ein und aus ..., ein und aus ...

Es ist ganz angenehm und ruhig, die Geräusche zu hören, die es zu hören gibt, die Farben zu sehen, die es zu sehen gibt, die Gerüche zu riechen, die es zu riechen gibt.

Mit jedem Atemzug spürst du, wie der Atem durch deinen Körper fließt. Ohne dein Zutun wirst du immer ruhiger, deine Gedanken haben keine Richtung, sie sind einfach nur da.

Und während du ein- und ausatmest, gehen wir auf Reisen.

Lass uns gemeinsam auf die Suche nach einem schönen, großen Garten gehen. Vielleicht kennst du ihn schon, weil du einmal dort gewesen bist, oder du stellst ihn dir in deiner Fantasie vor.

Hast du ihn gefunden?

...

Schau dich neugierig in deinem Garten um und entdecke, was es zu entdecken gibt. Vielleicht gibt es dort bunte Blumen und du kannst dich an den Farben freuen? Aber vielleicht kannst du auch über eine weite Rasenfläche laufen und das Gras unter deinen Füßen spüren.

Scheint die Sonne und wärmt dich?

Hast du einen besonderen Geruch in der Nase?

Während du all diese Dinge um dich herum riechst, spürst und siehst, gehst du langsam weiter und fühlst eine große Freude darüber, hier zu sein.

Es geschieht wie von selbst, dass du dich immer leichter und wohler fühlst.

Gut so ...

Alles ist gut geordnet in deinem Garten, alles hat seinen Platz. Du findest immer genau den richtigen Weg, um von einer Stelle zur nächsten zu kommen.

...

Vielleicht gelangst du zu einem schönen Platz in diesem Garten, der dich einlädt, dort zu bleiben? Schau ihn dir genau an und genieße es, dort zu sein.

Gut so ...

Siehst du dort ein kleines, wunderhübsches Häuschen stehen? Wie könnte es aussehen, dein Häuschen des Wissens? Stell es dir ganz genau vor.

...

Öffne die Tür und geh hinein. Schau dich ausgiebig um. Welche Farben siehst du dort? Wie riechst es in dem Raum? Spürst du, auf welchem Fußboden du gehst?

...

Sei neugierig auf alles, was es dort zu entdecken gibt. Siehst du, dass dort all dein Wissen, das du dir bisher angeeignet hast, liegt? Hat vielleicht jedes Schulfach ein eigenes Regal, in dem dein Wissen gut geordnet untergebracht ist?

Möglicherweise gibt es dort aber auch eine andere Ordnung. Stell sie dir genau vor und präge sie dir ein. Es ist so schön, dass all dein gelerntes Wissen dort auf dich wartet und dass du es jederzeit wiederfinden kannst.

Hat es dort einen guten Platz? Kannst du es ganz einfach herausnehmen und auch wieder zurücklegen, bis du es vielleicht brauchst? Stell dir diesen Aufbewahrungsort ganz genau vor. Wo liegt welches Schulfach?

Gut so ...

Während du weiter deinen Blick durch den Raum schweifen lässt, siehst du eine Gruppe kleiner Wesen, die dich neugierig betrachten und dir freundlich zulächeln.

»Nun hast du uns endlich auch gefunden! Nimm uns mit, wenn du uns brauchst!«, hörst du die kleinen Wesen dir zurufen. »Wir sind deine Wissenshelfer und wir wollen endlich zeigen, wer wir sind! Jeder von uns will alle Fragen beantwor-

ten, denn wir sind dick und rund, weil du so fleißig gelernt hast! Wir wollen uns nicht mehr verstecken! Wir gehören doch zu dir!«
Deine Wissenshelfer schauen dich glücklich an und freuen sich so sehr, dass du sie gefunden hast.
Und während du all dies hörst, spürst du schon, dass ihr gute Freunde seid und dass du nie mehr allein bist, wenn du eine Klassenarbeit schreibst.
Stell dir vor, dass deine Wissenshelfer immer hinter dir stehen oder neben dir auf der Schulbank sitzen, dich anlächeln und dir zuflüstern: »Wir sind doch Freunde, die sich gegenseitig helfen! Wenn wir etwas brauchen, dann gehen wir zurück in dein Häuschen des Wissens und finden dort, was du brauchst.«
Betrachte euch dort in dem Klassenraum und genieße die Kraft und Ruhe, die dein Wissen ausstrahlt.
Gut so ...
»Du kannst dir ganz sicher sein, dass wir immer den Weg zu deinem Häuschen des Wissens finden werden, falls du es brauchst«, sagt der dicke, runde Wissenshelfer neben oder hinter dir.
Vielleicht ist es auch eine Wärme, ein Strahlen, das du spürst und das auch deinen ganzen Körper warm werden lässt.

Genieße für einen Moment dieses warme und strahlende Licht und behalte es in Erinnerung.

Gut so ...

Such dir jetzt einen Platz in deinem Körper, an dem du diese Wärme immer spüren wirst, sobald du daran denkst. Immer dann, wenn dein Wissenshelfer neben oder hinter dir steht, wirst du ihn spüren und dich freuen, dass du einen so guten Freund bei dir hast.

Gut so ...

Und während du einen letzten Blick auf deinen guten Freund wirfst und weißt, dass er dich nie allein lassen wird, verabschiedest du dich langsam von deinem Häuschen des Wissens und verlässt den Garten auf dem sicheren Weg.

Langsam entfernst du dich immer weiter und der Garten bleibt hinter dir zurück.

...

Und während du ein- und ausatmest und meine Stimme ganz deutlich hörst, streckst du deine Arme und Beine aus, reckst und schüttelst dich und kommst in deinem eigenen Tempo wieder im Hier und Jetzt an.

- Geben Sie Ihrem Kind einen Moment Zeit, um wieder im Hier und Jetzt anzukommen, und warten Sie geduldig, was das Kind von allein zu erzählen hat.

Anregungen für Gespräche mit Ihrem Kind

Fragen Sie Ihr Kind, ob es sein Haus des Wissens entdeckt hat, und ermuntern Sie es, Ihnen alles ganz genau zu erzählen: »Wie hat es innen genau ausgesehen? Gab es Licht dort? Wie hat es gerochen? Konntest du dich in dem Haus gut zurechtfinden? Gab es vielleicht unterschiedliche Räume, in denen zum Beispiel die verschiedenen Schulfächer abgelegt waren? Was für Aufbewahrungsmöglichkeiten gab es für dein Wissen?«
Ermuntern Sie Ihr Kind dazu, sich sein inneres Haus des Wissens immer dann vorzustellen, wenn es gelerntes Wissen gut ablegen und wiederfinden muss. Erklären Sie ihm: »Wenn du das nächste Mal für eine Klassenarbeit gelernt hast, dann suchst du dir in deinem Haus des Wissens einen Platz aus, an den du dein Wissen legst, damit du es ganz schnell wiederfinden kannst!«

Vielleicht ist es für Ihr Kind zudem hilfreich, sich seinen Wissenshelfer als Figur vorzustellen, die es bei der Klassenarbeit begleitet. Fragen Sie Ihr Kind, wie diese Figur aussehen könnte. Oder Sie ermuntern Ihr Kind, diese Figur in seinem Haus des Wissens zu malen.

Auch sollten Sie Ihr Kind fragen, ob es während seiner Reise mit Naluma den ruhigen, warmen Punkt in seinem Körper entdeckt hat. Lassen Sie sich diesen Punkt zeigen. Seien Sie neugierig, von welchen Assoziationen zum Thema Beruhigung Ihr Kind Ihnen berichtet. Behalten Sie diese Bilder in Erinnerung, damit Sie sie immer wieder nutzen können, wenn es um die Vorbereitung von Klassenarbeiten geht.

Vor Klassenarbeiten ist es hilfreich, die guten, beruhigenden Gefühle, den Wissensort und vielleicht auch die besondere Figur in aller Ruhe gemeinsam mit Ihrem Kind immer wieder zu entdecken, sodass sie langfristig als selbstverständliche Helfer etabliert werden.

Nehmen Sie die Bilder der Geschichte und die Äußerungen Ihres Kindes immer wieder zum Anlass, um mit Ihrem Kind über die Themen **Schule, Schulnoten und Leistungsdruck** zu sprechen, und seien Sie neugierig, ob und was sich bei Ihrem Kind verändert.

NALUMA, IN EINER GRUPPE FÜHLE ICH MICH SO UNSICHER!

gut, dass du mich rufst. Gehen wir lieber auf Reisen und finden die Sicherheit und das Zutrauen in dir. Mach es dir bequem und achte auf meine Stimme. Atme ein und aus ..., ein und aus..., ein und aus ... Und mit jedem Atemzug wirst du einfach immer ruhiger und es ist ganz angenehm, die Geräusche zu hören, die es zu hören gibt, die Farben in deiner Fantasie zu sehen, die es zu sehen gibt, die Gerüche zu riechen, die es zu riechen gibt.

Vielleicht bist du auch ganz verwundert, was für innere Bilder du siehst.

...

Mit jedem Atemzug spürst du, wie der Atem durch deinen Körper fließt. Alles in dir wird ruhiger, deine Gedanken haben keine Richtung, sie sind einfach nur da.

Und während du ein- und ausatmest, gehen wir auf Reisen.

Schau in deiner Fantasie in den Himmel und sei neugierig, was es dort zu entdecken gibt. Lass deinen Blick einfach nur über den weiten Himmel schweifen.

Vielleicht scheint dir die Sonne ins Gesicht und wärmt dich?

Oder du folgst den weißen Wolken, die leicht über den Himmel ziehen?

Was gibt es dort, wo du dich befindest, zu hören? Was gibt es zu riechen?

Vielleicht findest du dort oben bei den Wolken ja auch einen Vogelschwarm, der wunderhübsche Figuren in den Himmel malt. Die Vögel kreisen am Himmel, steigen immer höher, lassen sich zur Erde fallen und steigen dann gemeinsam wieder auf.

Jeder Vogel fliegt für sich allein – und doch sind sie eine Gemeinschaft. Sie gehören zusammen. Auch das kleinste Vögelchen gehört zu diesem großen Vogelschwarm.

Und während du dem Auf und Ab der vielen Vögel neugierig zuschaust, ihrem lauten Gezwitscher zuhörst, spürst du mit jedem Atemzug, wie du dich leichter und immer leichter fühlst.

Und du stellst dir vor, wie ein Vogel zu fliegen, der sich leicht und entschlossen in die Luft erhebt.

Gut so ...

Zu deinem Erstaunen zwitschern dir hunderte Vögel wie mit einer Stimme zu: »Willst du mit uns fliegen?«

Und während du ohne zu zögern mutig und entschlossen mitfliegst, spürst du eine große Leichtigkeit in deinen Bewegungen und atmest ganz frei ein und aus ..., ein und aus ..., ein und aus ...

...

Während du Teil des Vogelschwarms bist, spürst du eine angenehme und wohlige Sorglosigkeit, die dich umfängt.

Schau dich um und sieh, wie die anderen neben dir und bei dir sind. Spürst du ihre wohltuende Nähe?

Genieße für einen Moment dieses gute Gefühl, dazuzugehören.

Jeder hat seinen Platz, du hast deinen Platz.

...

Ganz tief in deinem Inneren wird dir dieses Wissen immer zur Verfügung stehen.

Gut so ...

Vielleicht findest du einen Punkt in deinem Körper, an dem du dieses Wissen wie Wasser in einem Becken speichern kannst?

Hast du ihn gefunden? Spürst du ihn jetzt? Vielleicht kannst du deine Hand auf diese Stelle legen?

Gut so ...

Du kannst sicher sein, dass du diesen Punkt immer spüren wirst, wenn du an ihn denkst.

...

Genieße noch einmal alles, was du um dich herum siehst, denn nun wird es langsam Zeit, dich zu verabschieden.

Ruhig und langsam ziehen die Vögel davon. Sie rufen dir noch einmal zu, dass es so schön war, mit dir gemeinsam zu fliegen. Und tief in deinem Inneren weißt du, dass du immer dazugehörst.

Und es ist ganz egal, in welcher Gruppe du bist, du hast dort immer einen guten und sicheren Platz.

...

Und während ich von vier auf drei ... und von drei auf zwei ... und von zwei auf eins zähle, öffnest du die Augen, reckst und streckst dich kräftig und schüttelst deine Arme und Beine aus und siehst dich in deinem Zimmer um.

• Geben Sie Ihrem Kind einen Moment Zeit, um wieder im Hier und Jetzt anzukommen, und warten Sie geduldig, was das Kind von allein zu erzählen hat.

ANREGUNGEN FÜR GESPRÄCHE MIT IHREM KIND

Seien Sie neugierig, ob Ihr Kind den Bildern mit dem Vogelschwarm und dem eigenen Mitfliegen folgen wollte, oder ob es während seiner Reise neue Bilder des Dazugehörens gesehen und erlebt hat.

Wenn es mitgeflogen ist, wie hat Ihr Kind diesen »Flug« mit den Vögeln erlebt? Was hat ihm besonders gut gefallen? War es Teil der Gruppe? An welcher Stelle im Vogelschwarm ist es besonders gern geflogen?

Gab es möglicherweise eine Farbe, einen Geruch oder ein Geräusch, das Ihrem Kind bei diesem Flug besonders im Gedächtnis geblieben ist?

Konnten Sie vielleicht beobachten, ob Ihr Kind seine Hand auf einen bestimmten Punkt seines Körpers gelegt hat? Lassen Sie sich diesen Punkt noch einmal zeigen und fragen Sie Ihr Kind, wie sich dieser Punkt jetzt anfühlt: »Wenn du jetzt deine Hand auf diesen Punkt legst, welche Bilder tauchen dann auf? Was für Gedanken gehen dir durch den Kopf? Wie fühlt sich das an?« Lassen Sie sich alles genau beschreiben und ermuntern Sie Ihr Kind dazu, diesen Punkt immer wieder zu berühren, damit sich das gute Gefühl des Dazugehörens und der Sicherheit wie von selbst einstellt. Vielleicht erzählen Sie Ihrem Kind von Ihren eigenen Erfahrungen in Gruppen.

Bestärken Sie Ihr Kind darin, dass es bei Ihnen in der Familie einen festen und sicheren Platz hat.

Nehmen Sie die Bilder der Geschichte und die Äußerungen Ihres Kindes immer wieder zum Anlass, um mit Ihrem Kind über die Themen **Selbstbewusstsein und Selbstsicherheit** zu sprechen und seien Sie neugierig, ob und was sich bei Ihrem Kind verändert.

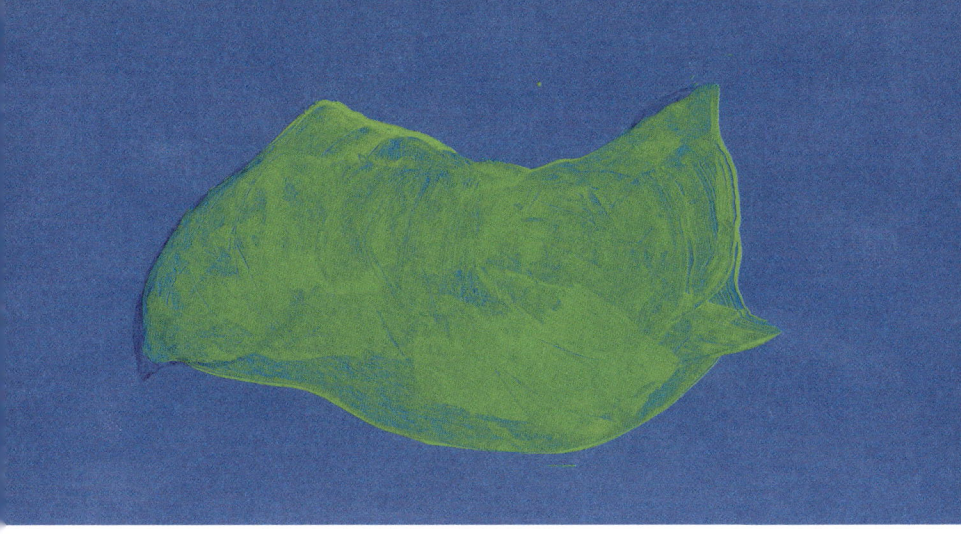

NALUMA, MANCHMAL HABE ICH IM DUNKELN ANGST!

gut, dass du mich rufst. Gehen wir lieber auf Reisen und suchen nach dem Licht, das dir die Dunkelheit erhellt.
Mach es dir bequem und kuschelig, dort wo du gerade bist. Atme ein und aus und achte nur auf meine Stimme. Vielleicht ist es angenehm und schön, nur dem zu lauschen, was es zu hören gibt, und die Bilder zu entdecken, die sich ganz langsam in deinem Inneren finden lassen.

...

Spürst du, wie dein Atem ein- und ausgeht und du ganz ruhig wirst?

Gut so ...

Ein und aus ..., ein und aus ..., ein und aus ...

...

Mit jedem Atemzug wirst du ruhiger und entspannter
und du bist ganz neugierig, was dir alles begegnen kann.
Und ohne es zu merken, Schritt für Schritt, gehst du weiter und entdeckst in einiger Entfernung ein Haus, das
dich neugierig macht.

Vielleicht hast du solch ein Haus schon einmal gesehen
oder es erinnert dich an ein Haus, dass du sehr schön findest.

Kannst du die Farbe des Hauses erkennen?

Gibt es vor dem Haus vielleicht einen schönen Garten,
der dich neugierig macht und den du dir gerne anschauen
möchtest?

Du trittst ein und es ist so schön dort, dass du dir alles
ganz genau ansehen willst, auch wenn es schon langsam
dunkel wird. Aber der Garten ist so freundlich zu dir und
sagt: »Komm nur herein, wir werden schon ein Licht finden, falls es zu dunkel wird. Du hast noch viel Zeit, dir alles genau anzusehen, bevor wir Licht machen werden.«

...

So gehst du mutig und zuversichtlich durch den Garten und staunst über die vielen bunten Blumen oder über all die Dinge, die dir auf deinem Weg begegnen.
Stell dir die Gerüche vor, die es dort zu riechen gibt.
Und spürst du, wie es sich unter deinen Füßen anfühlt, wenn du über die Wege dort gehst?

...

Und je weiter du gehst, desto deutlicher spürst du die Leichtigkeit und die Kraft all jener Begleiter dort im Garten, die am Wegesrand stehen, dir zunicken und leise flüstern: »Wie schön, dass du bei uns bist. Geh einfach weiter, denn wir können dir auch im Dunkeln den Weg erleuchten!«

...

Und ohne dass du es bemerkst, fängt der Garten auf wundersame Weise zu schimmern an, während es immer dunkler wird. Vielleicht direkt am Wegesrand? Aber auch dort, wohin du schaust, leuchtet es immer auf. Du brauchst es dir nur zu wünschen, und schon geht wieder ein Licht an. Der Garten ist so hell, wie du ihn haben willst.

...

Vielleicht findest du in diesem Garten zu deinem Erstaunen auch so etwas wie eine Fernbedienung? Heb sie auf und stell sie dir ganz genau in deiner Hand vor. Wie fühlt sie sich an? Wie sieht sie aus? Ist sie klein, damit du sie auch immer überallhin mitnehmen kannst? Kannst du dir ihre Farbe vorstellen und die Knöpfe, die sich auf der Oberfläche befinden?

Und während du dir vorstellst, sie in den Händen zu halten und die Tasten zum Hellwerden zu bedienen, wird es tatsächlich hell um dich herum.

Probiere es einmal aus.

Gut so ...

Die Fernbedienung ist dein Helfer, den du überall mitnehmen kannst und den außer dir niemand kennt. Gib deinem Lichtmacher einen guten Platz, damit du ihn immer dann benutzen kannst, sobald es dir zu dunkel ist. Vielleicht brauchst du auch nur an ihn zu denken, und schon wird es heller und die Dunkelheit verschwindet.

Genieß für einen Augenblick, dass alles um dich herum hell und freundlich ist.

Gut so ...

Und in dem Wissen, dass du dir deinen Lichtmacher an deine Seite holen kannst, und dass ihr gemeinsam die innere Helligkeit genießen könnt, kannst du dich langsam, ganz langsam aus dem erleuchteten Garten verabschieden.

Schritt für Schritt gehst du durch den Garten, zurück zum Eingangstor und verlässt schließlich den Garten.

Und während du ein- und ausatmest, ein- und ausatmest, ein- und ausatmest, räkelst du dich, streckst die Arme und Beine aus und kommst in deiner eigenen Geschwindigkeit wieder in deinem Zimmer an. Du schüttelst dich noch einmal kräftig und machst die Augen wieder auf.

- Geben Sie Ihrem Kind einen Moment Zeit, um wieder im Hier und Jetzt anzukommen, und warten Sie geduldig, was das Kind von allein zu erzählen hat.

ANREGUNGEN FÜR GESPRÄCHE MIT IHREM KIND

Seien Sie neugierig, welche Bilder Ihr Kind Ihnen anbietet. Vielleicht ist es keine Fernbedienung, die ihm dabei hilft, den Raum oder den Garten zu erhellen, sondern etwas ganz anderes. Es ist nicht wichtig, was es ist; wichtig ist, dass es seinen Zweck erfüllt, nämlich eine innere Helligkeit zu erzeugen, die die Angst vor der Dunkelheit nimmt.

Die Fernbedienung ist lediglich ein Angebot, aus dem passiven Angsterleben vor der Dunkelheit in ein aktives, selbstbestimmendes Gestalten zu gelangen.

Bleiben Sie bei den von Ihrem Kind angebotenen Bildern und fragen Sie: »An welchem Ort warst du? Was gab es dort zu sehen, zu riechen und zu hören? Hast du dort irgendetwas gefunden, mit dem du Licht machen konntest? Wie genau hast du das gemacht?«

Legen Sie besonderes Augenmerk darauf, wie sich Ihr Kind gefühlt hat, als es selbst die Dunkelheit durch Helligkeit ersetzt hat: »Versuch einmal zu beschreiben, wie du dich gefühlt hast, als du selbst bestimmen konntest, dass die Dunkelheit verschwindet und dass du der Lichtmacher bist.«

Und lassen Sie sich ganz genau erklären, wie der Gegenstand aussieht. Ermuntern Sie Ihr Kind, diesen Helfer immer bei sich zu haben. Lassen Sie Ihr Kind einen Ort erfinden, an dem der »Lichthelfer« aufbewahrt werden könnte, damit er immer sofort benutzt werden kann, wenn er gebraucht wird.

Vielleicht fragen Sie Ihr Kind, ob es ihn gleich heute Abend beim Zubettgehen bei sich haben möchte. Dann hat es neben dem Nachtlicht noch einen zuverlässigen Helfer, um alles hell werden zu lassen.

Hätte Ihr Kind möglicherweise Lust, diesen Gegenstand zu malen oder zu basteln, damit er tatsächlich immer mitgenommen werden kann?

Bestärken Sie Ihr Kind darin, dass jeder einen inneren »Lichtmacher« braucht, wenn es zu dunkel ist. Vielleicht auch Sie?

Nehmen Sie die Bilder der Geschichte und die Äußerungen Ihres Kindes immer wieder zum Anlass, um mit Ihrem Kind über die Themen **Selbstbestimmung, Handeln statt Aushalten und gute Helfer** zu sprechen und seien Sie neugierig, ob und was sich bei Ihrem Kind verändert.

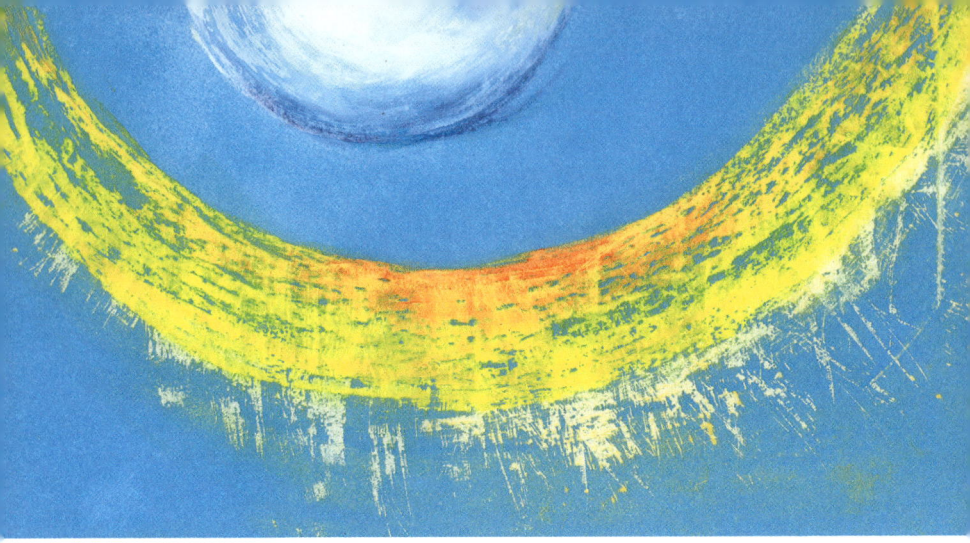

Naluma, ich habe solche Angst beim Zahnarzt!

Gut, dass du mich rufst. Gehen wir lieber auf Reisen und finden das Stärkende in dir.

Mach es dir bequem auf deinem Lehnstuhl. Ob du die Augen schließt oder sie offen lässt – lass es einfach geschehen. Achte auf meine Stimme, und vielleicht ist es angenehm und schön, einfach nur all dem zu lauschen, was es zu lauschen gibt.

Du spürst deinen Rücken, der fest an der Lehne anliegt. Dein Po und deine Beine haben guten Kontakt zu der Sitzfläche. Deine Hände umfassen die Armlehnen.

Du atmest ein und aus, ein und aus, ein und aus ...

Und mit jedem Atemzug, ohne es zu beeinflussen, vergisst du immer mehr, dass du auf einem Stuhl sitzt. Es ist ganz angenehm und ruhig, die Geräusche zu hören, die es zu hören gibt, die Farben zu sehen, die es zu sehen gibt, die Gerüche zu riechen, die es zu riechen gibt.

Mit jedem Atemzug spürst du, wie der Atem durch deinen Körper fließt. Alles wird ruhiger, deine Gedanken haben keine Richtung mehr, sie sind einfach nur da. Und während du ein- und ausatmest, gehen wir auf Reisen.

Gut so ...

Achte genau auf deine Lieblingshand, wähle die rechte oder linke Hand ganz bewusst aus. Sie liegt gelassen und ruhig auf der Lehne und fühlt sich warm und stark an. Obwohl du weißt, dass deine Hand kraftvoll und stark ist, bist du überrascht, dass jeder einzelne Finger seine eigene Kraft hat. Achte genau auf den Daumen, den Zeigefinger, den Mittelfinger, den Ringfinger und den kleinen Finger.

Du bist ganz auf deine Lieblingshand konzentriert und spürst ihre Wärme.

97

Tief in deinem Inneren weißt du, dass die Wärme deiner Hand dir immer zur Verfügung steht, sobald du daran denkst. Sie ist für dich da und begleitet dich überallhin.

Langsam breiten sich diese Wärme und Kraft in deinem ganzen Körper aus. Du bist ganz ruhig und entspannt, denn deine Hand hält dich immer fest, sie strahlt geradezu vor Kraft. Vielleicht kannst du die Strahlen sehen, wie sie alles um dich erhellen und dich und deinen Körper erwärmen. Ganz gleich, auf welchem Stuhl du sitzt oder in welchem Raum du dich befindest, deine warme und kraftvolle Hand umspannt jede Stuhllehne.

Mit dieser stärkenden Wärme in deiner Hand und in deinem Körper können wir jetzt – ganz sachte und nur in der Fantasie – zum Zahnarzt reisen.

Zusammen werfen wir ganz vorsichtig einen kurzen Blick auf den Zahnarztstuhl. Vielleicht siehst du dich dort sitzen, siehst, wie deine Hand dort die Lehne umfasst und du spürst, wie die Wärme der Hand wie von selbst in deinen Körper strömt und das strahlende Licht dir wundervolle Farben im Inneren schenkt.

Geh auf Reisen und suche noch viele andere Farben. Hast du sie gefunden? Siehst du sie? Sei neugierig, was es alles zu entdecken gibt.

Gibt es auch etwas zu riechen? Kann es sein, dass der Zahnarztgeruch dich an Pfefferminze erinnert? Oder an Bonbons, die du besonders gern magst und deren Geschmack du jetzt auf deiner Zunge schmeckst? Genieße diesen Geschmack für eine Weile.

Und gibt es auch etwas zu hören? Ist es vielleicht eine so schöne und laute Musik, dass keine anderen Geräusche mehr zu hören sind? Vielleicht hörst du ganz von fern Geräusche, die der Zahnarzt macht, oder das, was er sagt, und zu deinem Erstaunen bist du ganz mit der schönen und lauten Musik, den wunderbaren Farben, dem guten Geschmack auf deiner Zunge und der Wärme in deinem Körper beschäftigt.

Und obwohl du so weit weg in deinem Inneren bist, hörst du genau, was der Zahnarzt sagt. Du kannst tun, was der Zahnarzt sagt, ohne deine innere Musik, die schillernden Farben und den guten Geschmack zu verlassen.

Was immer du in diesem Raum hörst oder riechst oder fühlst, du weißt es besser als irgendjemand sonst: Die Kraft und die Wärme deiner Hand begleiten dich überallhin und beschützen dich.

Genieße noch einen Moment dieses Gefühl der Geborgenheit und der Gelassenheit, der Wärme und der Kraft deiner Lieblingshand.

Gut so ...

Du kannst sie dir immer aus deiner Erinnerung holen, sobald dein Arm die Stuhllehne beim Zahnarzt umschließt – oder vielleicht auch auf einem anderen Stuhl, wenn du die Wärme und Kraft deiner starken Lieblingshand brauchst.

Genieße dieses Wissen für einen Moment ...

Und in dem Wissen, dass du immer einen guten Helfer mit seiner stärkenden Wärme bei dir hast, kannst du dich in deinem eigenen Tempo von den Farben, der Wärme, den Gerüchen verabschieden.

Atme tief durch, strecke die Arme und Beine, räkele dich, komm im Hier und Jetzt an und öffne deine Augen.

• Geben Sie Ihrem Kind einen Moment Zeit, um wieder im Hier und Jetzt anzukommen, und warten Sie geduldig, was das Kind von allein zu erzählen hat.

Anregungen für Gespräche mit Ihrem Kind

Während dieser Naluma-Reise kann Ihr Kind eine besondere Erfahrung machen: Indem es sich auf seine kräftige und zupackende Hand konzentriert, verlagert sich die innere Wahrnehmung und Aufmerksamkeit von Angst vor etwas (dem Zahnarzt) auf Kraft durch etwas (die Hand).

Lassen Sie sich also von Ihrem Kind sehr genau beschreiben, wie es diese Reise erlebt hat. Wie hat die Vorstellung, auf dem Zahnarztstuhl zu sitzen, sich angefühlt?

Konnte es sich gut auf seine Lieblingshand konzentrieren? War sie warm? War sie kraftvoll? Was war schwierig und was war hilfreich?

Seien Sie achtsam und loben Sie Ihr Kind für seine Entdeckungen auf der Reise.

Vielleicht erlebte Ihr Kind auch nur eine kleine Erwärmung der Hand, das ist für den Anfang völlig ausreichend.

Hier geht es nicht um schnelle Erfolge, sondern um eine langsame virtuelle Heranführung an die tatsächliche Zahnarztbehandlung. Mit dieser Konzentrationsfokussierung auf die rechte oder linke Hand wird Ihrem Kind eine Methode angeboten, auf die es immer – auch bei anderen Stresssituationen – zurückgreifen kann.

Fragen Sie Ihr Kind, ob es vielleicht eine andere Stelle in seinem Körper hat, auf die es sich gern fokussieren möchte. Dann lesen Sie die Naluma-Reise mit dieser Körperstelle.

Schlagen Sie Ihrem Kind vor, diese Reise häufiger zu wiederholen, damit es beim nächsten Zahnarztbesuch den Naluma-Trick anwenden kann.

Vielleicht schlagen Sie Ihrem Kind auch vor, dass es dem Zahnarzt von seinen neuen, besonderen Fähigkeiten erzählt, damit der Zahnarzt, Ihr Kind und Sie nach der Behandlung darüber sprechen können, ob der Trick funktioniert hat.

Möglicherweise erzählen Sie Ihrem Kind von sich und Ihren ersten Erfahrungen beim Zahnarzt. Erwähnen Sie, dass man auch als Erwachsener gut beraten ist, wenn man beim Zahnarzt mit Naluma auf Reisen geht.

Nehmen Sie die Bilder der Geschichte und die Äußerungen Ihres Kindes immer wieder zum Anlass, um mit Ihrem Kind über die Themen **Entspannung und Gelassenheit** zu sprechen, und seien Sie neugierig, ob und was sich bei Ihrem Kind verändert.

Naluma, manchmal mache ich nachts ins Bett!

g ut, dass du mich rufst. Gehen wir lieber auf Reisen und finden die sorgende Zuverlässigkeit und die Helfer, die dich daran erinnern, dass du nachts aufs Klo gehst.

Mach es dir ganz bequem. Atme ein und aus. Folge deinem Atem, wie er einfach nur in deinen Körper hinein- und wieder hinausströmt. Ob du die Augen schließt oder

103

sie offen lässt – lass es einfach geschehen. Achte auf deinen Atem und genieße es, dass er deine Lungen füllt und deinen Körper dann ganz von allein wieder verlässt.

Dein Atem geht ein und aus. Du musst dich überhaupt nicht anstrengen, du kannst dich ganz auf deinen Körper verlassen. Er ist ein sehr guter Helfer, denn er weiß, wie einfach es ist, immer ein- und wieder auszuatmen. Verlass dich ganz auf ihn. Er wird dich erinnern, wenn es wieder an der Zeit ist, ein- und auszuatmen.

Und während du ganz sicher sein kannst, dass der Atem ohne dein Zutun in deine Lungen fließt und diese wieder verlässt, können wir auf die Reise gehen.

…

Stell dir nun vor, dass du wie dein Atem auf eine Reise durch deinen Körper gehst, dass du deine guten Helfer im Inneren entdecken und kennenlernen wirst. Lass dich einfach treiben und sei neugierig, was es alles zu entdecken gibt.

Gut so …

Hörst du dein Herz schlagen? Ohne dein Zutun schlägt es in einem guten Rhythmus und du musst gar nichts dafür tun. Es schlägt einfach, so wie dein Atem ein- und ausgeht. Du kannst dich immer darauf verlassen, dass dein

Herz schlägt. Vielleicht stellst du es dir jetzt vor, wie es kraftvoll und zuverlässig seine Arbeit macht. Hörst du es pochen?

Genieße für einen Moment diesen zuverlässigen und kraftvollen Helfer und höre aufmerksam deinem Herzschlag zu.

...

Wollen wir weiter auf Entdeckungsreise gehen und deine Blase besuchen? Sie fühlt sich dort unten, tief in deinem Bauch, manchmal so allein und freut sich bestimmt, wenn sie Gesellschaft bekommt.

»Ah, wie schön, dass du mich besuchen kommst! Ich habe so vieles, was ich dir erzählen möchte!«, freut sich die dicke und gemütliche Blase und lächelt dabei über das ganze Gesicht. »Ich bin hier unten Tag und Nacht beschäftigt. Ich bin deine gute Helferin, damit das gesammelte Pipi dich wieder verlassen kann. Ich sammle für mein Leben gern, aber irgendwann wird es hier drinnen zu eng und dann rufen mein Musikkoffer und ich dich um Hilfe«, erzählt die freundlich lächelnde Blase. »Manchmal rufen wir dich, aber scheinbar kannst du uns dann nicht hören. Wollen wir nicht gemeinsam überlegen, wie wir es machen sollen, damit du wach wirst, wenn wir uns bei dir melden?«

Und während die dicke, freundliche und gemütliche Blase dir dies erzählt, ist deine ganze Aufmerksamkeit darauf gerichtet, dass du genau in dem Moment wach werden kannst, wenn sie dich ruft.

Gut so ...

Auch wenn du schläfst, hörst du tief in deinem Inneren ihr Rufen. Vielleicht ist es ja mehr als ein Rufen, vielleicht ist es wie ein gutes Gefühl, dass sich bei dir bemerkbar macht, wenn deine Blase sich meldet. Sie ist in einem guten Kontakt mit dir und lässt dich nicht allein. Die dicke, gemütliche Blase ist deine wunderbare Helferin. Sie lässt dich nicht im Stich, sie ruft und du kannst immer wach werden.

...

Stell dir vor, dass die dicke, gemütliche Blase ein wunderbares Köfferchen besitzt, in dem es viele unterschiedliche Klanginstrumente gibt, die nur dazu da sind, dich im richtigen Moment zu wecken. Such dir einen Klang aus. Soll es die fette, laute Tröte sein oder das ganz feine Glöckchen? Vielleicht entdeckst du in dem Köfferchen auch etwas ganz anderes, was dich wecken könnte.

Sei einfach neugierig, was du dort findest, und lade das Geräusch dazu ein, dich gemeinsam mit der lustigen, dicken Blase zu wecken.

Gut so...

Ganz in deinem Inneren kannst du sicher sein, dass ihr gute Freunde seid, die sich immer gegenseitig helfen.

Vielleicht hat diese Freundschaft eine besondere Farbe oder einen besonderen Klang?

Was auch immer du dir gerade vorstellst, genieße für einen Moment das, was es dort zu sehen oder zu hören oder zu fühlen gibt.

...

Jederzeit kannst du dich darauf verlassen, dass deine Helferin für dich da ist und du wach wirst, sobald sie dich ruft. Du kannst darauf vertrauen, dass du den Klang des Instruments tief in deinem Inneren hörst.

Gut so ...

Und während du dich langsam verabschiedest, nimmst du die Gewissheit mit, dass du heute Nacht und in jeder anderen Nacht die Rufe der freundlichen und zuverlässigen Blase und die Töne des Instruments hören wirst.

...

Und mit jedem Atemzug spürst du, wie der Atem durch deinen Körper strömt. Verabschiede dich ganz langsam von all deinen Helfern, denn alle sorgen für dich. Am Tag und in der Nacht.

...

Und ohne dein Zutun, Schritt für Schritt, kommst du in deinem eigenen Tempo wieder im Hier und Jetzt an. Du streckst deine Arme und Beine, schüttelst dich kräftig und öffnest die Augen.

• Geben Sie Ihrem Kind einen Moment Zeit, um wieder im Hier und Jetzt anzukommen, und warten Sie geduldig, was das Kind von allein zu erzählen hat.

Anregungen für das Gespräch mit Ihrem Kind

Fragen Sie Ihr Kind, wie die Reise in sein Inneres, zu seiner Blase, war. Was gab es dort alles zu entdecken? Vielleicht sind die Bilder, von denen Ihr Kind berichtet, ungewöhnlich oder sie haben mit einem »realen« Körperinneren gar nichts zu tun. Ausschlaggebend ist nur, was Ihr Kind für sich entdeckt hat und dass es im Hinblick auf sein Inneres ein positives Gefühl erlebt. Sie können mit Ihrem Kind darüber sprechen, dass alle Organe im Körper gute Freunde von uns sind. Sie sind so freundlich, einfach für uns zu arbeiten, damit es uns gut geht. Jedes einzelne Organ hat seinen guten Platz und schickt uns Signale, die wir hören oder fühlen oder sehen können.

Fragen Sie Ihr Kind, ob es in seiner Fantasie die dicke, gemütliche Blase wirklich gab: »Was war denn an ihr eigentlich gemütlich? Wie hast du sie in deiner Fantasie erlebt?« Lassen Sie sich die Blase genau beschreiben: »Was hat sie dir denn erzählt? Hatte sie eine laute oder leise, eine hohe oder eine tiefe Stimme? Wie hast du dich gefühlt, als sie dir von sich erzählt hat?«

Vielleicht fragen Sie Ihr Kind, ob es ein Bild von seiner Blase malen möchte?

War es Ihrem Kind möglich, sich ein Instrument aus dem Köfferchen der Blase auszusuchen? Erkundigen Sie sich: »Welches Instrument oder welchen Klang hast du dir denn ausgesucht?« Bestärken Sie Ihr Kind darin, dass jedes Geräusch, das aus seinem Inneren kommt, gut und richtig zum Wecken ist. Welches Geräusch hat sich das Kind zum Wecken gesucht und wie laut soll es klingen? Möglicherweise hat dieser Klang auch eine Farbe?

Bestärken Sie Ihr Kind darin, sich gleich heute Abend, bevor es einschläft, mit der dicken, gemütlichen Blase und seinem neuen, klingenden Weckfreund zu verabreden. Unterstützen Sie Ihr Kind zukünftig auch dabei, sich jeden Abend, zum Beispiel nach der Gute-Nacht-Geschichte, mit seinen neuen Freunden zu verabreden. Aber gönnen Sie sich, dem Kind und der freundlichen, dicken Blase sowie dem Weckfreund Langmut fürs Gelingen!

Neue Freundschaften brauchen Geduld und Übung. Wenn die neue Freundschaft noch nicht gleich funktioniert, seien Sie nicht ärgerlich auf die gemütliche, dicke Blase. Erforschen Sie vielmehr mit Ihrem Kind, was möglicherweise noch alles gebraucht wird, damit die Freundschaft dauerhaft und belastbar wird.

Nehmen Sie die Bilder der Geschichte und die Äußerungen Ihres Kindes immer wieder zum Anlass, um mit Ihrem Kind über die Themen **Wie gut und wichtig unser Körper für uns ist, was unser Körper alles kann und warum wir unserem Körper viel zutrauen können** zu sprechen und seien Sie neugierig, ob und was sich bei Ihrem Kind verändert.

NALUMA, MANCHMAL BIN ICH SOOO WÜTEND!

gut, dass du mich rufst. Gehen wir lieber auf Reisen und suchen deine Kraft und Zuversicht.
Mach es dir ganz bequem und kuschelig.
Atme ein und aus ..., ein und aus ..., ein und aus ...
Gut so ...
Ganz langsam geht dein Atem ein und aus ... und mit jedem Atemzug spürst du, dass du ruhiger wirst. Atme ein und aus ..., ein und aus ..., ein und aus ...

Vielleicht schließt du die Augen, wenn es dir angenehmer ist.

Achte auf deinen Atem und verfolge aufmerksam, wie er wie von selber ein- und ausströmt. Deine Gedanken haben keine Richtung, alles geschieht wie von selbst.

Und während du langsam und ruhig aus- und einatmest, gehen wir auf Reisen.

Stell dir in deinem Inneren vor, dass wir an einem großen, laut tosenden Fluss sind. Du stehst am sicheren Ufer und siehst, mit welcher Kraft das Wasser an dir vorbeirauscht.

Kannst du diesen unglaublichen Krach, dieses Tosen hören?

Vielleicht sprüht der Wind dir die Gischt in dein Gesicht, und du spürst die Feuchtigkeit auf deiner Haut.

Und während du dir das alles aus sicherer Entfernung anschaust und anhörst, erinnerst du dich vielleicht daran, in welcher Situation du das letzte Mal wütend warst? Wie in einem Film, der vor deinem inneren Auge abgespielt wird, siehst du, was damals los war.

...

Kannst du von der Filmleinwand herab ein Geräusch hören, das zu deiner Wut passt?

Wie laut ist es denn? Kannst du es vielleicht leiser drehen, genau so, als würdest du am Radio die Lautstärke ändern? Lass es wieder laut werden, ... dann leise, ... ganz laut und dann wieder ganz, ganz leise ...

Bestimme selbst, wie laut du das Geräusch hören willst, welche Lautstärke dir angenehm ist. Vielleicht kannst du das Geräusch auch ändern und zu einer schönen Melodie in deinem Kopf machen. Probiere es einmal aus!

Gut so ...

Kannst du auf der Leinwand eine Farbe sehen, die zu deiner Wut passt? Schau dir diese Farbe genau an und lass die Farbe blasser oder heller werden.

...

Oder probiere einmal eine ganz andere Farbe aus. Welche könnte das sein? Vielleicht ist es eine helle und freundliche Farbe? Oder deine Lieblingsfarbe?

Probiere ein wenig aus, bis die Farben und die Geräusche so sind, dass sie dir gut gefallen.

Gut so ...

Und während du ein- und ausatmest, die Farben siehst, die dir gefallen, und die Geräusche hörst, die du schön findest, bemerkst du eine Figur, die dort am Ufer des großen Flusses sitzt und weint.

»Kannst du mir helfen?«, fragt dich die Figur. »Ich bin manchmal so wütend wie das laute Tosen des Wassers. Aber ich will gar nicht sooo wütend sein! Niemand mag mich dann und das macht mich ganz traurig«, sagt der Wutwichtel und Tränen kullern über sein Gesicht. »Kennst du das Gefühl vielleicht auch – das Gefühl, dass es viel zu anstrengend ist, sooo wütend zu sein?«, fragt der Wichtel.

Und während er das sagt, nimmst du ihn in die Arme und streichelst ihm über den Kopf. Das tut so gut, denn du weißt genau, wovon er spricht.

...

Und wie von selbst wird alles um euch leise und hell. Selbst der Fluss beruhigt sich und fließt mit einem Mal langsam und behäbig dahin.

Genieße für einen Moment diese tröstende Ruhe.

Gut so ...

Und während du dir, wie aus weiter Ferne, dieses Bild anschaust, wirst du selbst ganz ruhig, entspannt und zufrieden. Tief in deinem Inneren spürst du, dass der Wutwichtel wie ein Begleiter für dich ist. Ihr gehört irgendwie zusammen, aber es ist gut für dich zu wissen, dass nur du darüber entscheidest, wie groß er werden darf. Du kannst immer darauf achten, dass er nicht zu groß wird.

Probiere es einmal in deiner Fantasie aus. Lass ihn auf die Größe schrumpfen, die dir gefällt. Vielleicht wird er so klein, dass er gerade in deine Hand passt. Oder lass ihn so klein werden, dass ihn niemand außer dir sehen kann.

Gut so ...

Und tief in deinem Inneren kannst du sicher sein, dass nur du darüber entscheidest, wie groß er werden darf.

Und außerdem kannst nur du darüber entscheiden, wann er bei dir erscheinen darf.

Vielleicht bleibt er aber auch am Fluss zurück und du kannst dich gut von ihm verabschieden.

Gut so ...

Während du dich nun langsam und mit guter Laune auf den Rückweg machst, verabschiede dich von dem ruhigen Fluss. Sieh noch einmal alles, was es zu sehen gibt, höre, was es zu hören gibt, und rieche, was es zu riechen gibt.

Gut so ...

Und während ich langsam von vier auf drei und von drei auf zwei und von zwei auf eins zähle, streckst du deine

Arme und Beine aus und spannst deinen Körper kräftig an. Du öffnest die Augen und bist mit Freude und Zuversicht wieder in deinem Zimmer.

---

* Geben Sie Ihrem Kind einen Moment Zeit, um wieder im Hier und Jetzt anzukommen, und warten Sie geduldig, was das Kind von allein zu erzählen hat.

Anregungen für Gespräche mit Ihrem Kind

Der Inhalt dieser Naluma-Reise lässt es ratsam erscheinen, sich dem Thema Wut ganz behutsam anzunähern. In dieser Geschichte wird ein erster, zarter Versuch unternommen, Ihrem Kind dabei zu helfen, sich auf eine völlig andere Art mit seiner inneren Wut auseinanderzusetzen und nach eigenen Lösungen zu suchen. Sich diesem Gefühl zu nähern, kostet die Kinder immer viel Kraft.
Seien Sie also neugierig und aufmerksam, wenn Ihr Kind Ihnen berichtet, was es alles erlebt hat. Ermuntern Sie es, Ihnen alles zu erzählen, und teilen Sie das Erlebte mit Ihrem Kind. Die in der Naluma-Reise angebotenen Bilder sind hilfreiche Stellvertreter für Gefühle, allerdings ist es

wichtig, dass Ihr Kind seine eigenen inneren Bilder und Gefühle findet und etabliert.

Fragen Sie, ob es einen tosenden Fluss gesehen und gehört hat oder ob es andere laute Geräusche gab: »War dieses Geräusch so oder so ähnlich, wie sich deine Wut anhört? Macht deine Wut überhaupt ein Geräusch? Hat sie vielleicht eine Farbe?«

Konnte Ihr Kind einen Wutwichtel oder eine andere Figur sehen? Wie hat diese ausgesehen, hatte sie eine bestimmte Form?

Vielleicht ermuntern Sie Ihr Kind, diesen Wichtel oder diese Figur aufzumalen. Suchen Sie anschließend gemeinsam einen Platz, an dem das Bild aufgehängt oder aufbewahrt werden kann.

Ihr Kind könnte in einiger Zeit erneut einen Wutwichtel malen; vielleicht sieht diese Figur dann anders aus und Sie können über die Unterschiede sprechen.

Vielleicht fragen Sie Ihr Kind, ob es sich daran erinnert, welche Gefühle es verspürt hat, als der Wichtel (die Figur) von seiner eigenen Wut erzählt hat: »Konntest du die Figur gut verstehen, weil es dir ähnlich geht?«

Seien Sie neugierig, welchen Aufenthaltsort Ihr Kind dem Wutwichtel gegeben hat. Hat es ihn am Fluss gelassen oder vielleicht sogar mitgenommen? Erkundigen Sie sich

danach: »Konntest du den Wutwichtel am Fluss zurück-
lassen oder wo sollte er seinen Platz haben?«

Erzählen Sie Ihrem Kind, dass große und kleine Menschen
wütend sein dürfen, weil es ein wichtiges und starkes
Gefühl ist, das sich immer wieder meldet. Weisen Sie aber
auch darauf hin, dass der Wutwichtel (die Figur) nicht zu
groß werden sollte.

Lenken Sie die Aufmerksamkeit Ihres Kindes auf die Zukunft und fragen es: »Wenn du mal wieder sooo wütend
bist, was würde wohl der Wichtel (deine Figur) machen,
damit die Wut weniger wird?« Bestärken Sie Ihr Kind darin, dass es nach seinen eigenen Lösungen zur Bewälti-
gung seiner Wut sucht, und lassen Sie sich diese Ideen erzählen.

Geben Sie Ihrem Kind und sich Zeit zum Gelingen und begleiten Sie Ihr Kind geduldig und aufmerksam, indem Sie
die Bilder Ihres Kindes immer wieder durch das Vorlesen
dieser Naluma-Reise aktivieren.

Nehmen Sie die Bilder der Geschichte und die Äußerungen Ihres Kindes immer wieder zum Anlass, um mit Ihrem
Kind über die Themen **Gute und hinderliche Gefühle, Wut
und Angst, Zuversicht und Geduld** zu sprechen und seien
Sie neugierig, ob und was sich bei Ihrem Kind verändert.

NALUMA, DER NEUE PARTNER MEINER MAMA UND SEINE KINDER WOHNEN JETZT BEI UNS!

gut, dass du mich rufst. Gehen wir lieber auf Reisen und finden deine Sicherheit und Geborgenheit. Mach es dir bequem und schließe die Augen. Atme ein und aus ..., ein und aus ..., ein und aus ...

Lass es einfach geschehen und sei neugierig, welche Geräusche du hörst, welche Bilder du in deiner Fantasie siehst und welche Gedanken dir durch den Kopf gehen.

Gut so ...

Atme ein und aus ..., ein und aus ..., ein und aus ... Und mit jedem Atemzug wirst du ruhiger und spürst, wie der Atem wie von selbst durch deinen Körper fließt. Vielleicht kannst du den Weg deines Atems vom Mund über die Lungen durch deinen ganzen Körper mit begleiten. Ohne es zu beeinflussen, wirst du mit jedem Atemzug noch ruhiger, deine Gedanken kommen und gehen, sie sind einfach da.

Gut so ...

Und während du ein- und ausatmest, gehen wir langsam und neugierig auf Reisen und schauen, was es zu entdecken gibt.

Siehst du den Weg vor dir und spürst du ihn schon unter deinen Füßen?

...

Was mag es nur für ein Weg sein? Vielleicht ist es ja ein Weg, den du schon kennst, den du gern magst, und du freust dich, die Dinge wiederzusehen, die es am Wegesrand zu sehen gibt.

...

Vielleicht hörst du die Vögel zwitschern? Und spürst du den Wind und die Sonne auf deiner Haut? Was immer du siehst oder hörst oder spürst, genieße es und verweile einen Augenblick.

Gut so ...

Und während du nun deinen Weg in deiner eigenen Geschwindigkeit fortsetzt, siehst du weit hinten einen kleinen Gegenstand. Was kann das wohl sein? Während du weiter auf diesen Gegenstand zugehst, siehst du immer deutlicher, dass es sich um eine alte, hölzerne Truhe handelt.

Sobald du vor ihr stehst, kannst du genau sehen, wie groß sie ist und in welcher Farbe sie gestrichen ist.

...

Und während du über die Oberfläche der Truhe streichst, kannst du spüren, wie sich das Holz anfühlt. Spürst du es in deinen Handflächen?

...

Sieh dir diese Truhe ganz genau an und behalte alles, was es zu sehen, zu hören und zu fühlen gibt, gut in deinem Gedächtnis, denn es ist deine Schatztruhe.

Gut so ...

Welche Schätze sich wohl in ihrem Inneren verbergen? Während du langsam und neugierig den Deckel anhebst

und das Knirschen der alten Scharniere hörst,
bist du ganz erstaunt, was du dort siehst.

...

Auf dem Boden der Truhe läuft ein Film.

Mama, Papa und du sitzen am Tisch, es gibt Abendbrot
und jeder erzählt von seinem Tag. Es ist so wie früher, als
ihr alle noch zusammen gewohnt habt und Mama und
Papa sich lieb hatten. Sie lachen miteinander und freuen
sich, dass sie dich haben, denn du bist das Wichtigste in
ihrem Leben.

Wie im Fernsehen geht die Szene zu Ende und ein neuer
Film beginnt.

Dieses Mal sitzen Mama und Papa allein am Tisch. Du
hörst sie darüber sprechen, dass sie nur das Beste für
dich wollen, auch wenn sie ab jetzt nicht mehr zusam-
menleben können.

»Auch wenn wir eines Tages neue Partner haben«, sagt
Mama, »verspreche ich dir, dass unser Kind das Wich-
tigste für mich ist und es immer bleiben wird!« »Ja«, sagt
Papa, »das verspreche ich dir auch!«

Sie geben sich wie gute Freunde die Hände und der Film
erlischt.

Überrascht reibst du dir die Augen und hörst noch einmal
das Gesagte. Es klingt in dir nach wie ein langer, guter Ton.

Gut so ...

Kannst du diesem langen, guten Ton vielleicht eine Farbe geben?

Welche Farbe hat dein Ton?

Wie in einer farbigen Spieluhr kannst du den Ton und das gute Gefühl der Sicherheit und der Liebe deiner Eltern immer wieder abspielen.

Wann immer du möchtest.

Und vielleicht entdeckst du irgendeinen Ort, wo auch immer, möglicherweise sogar tief in deinem Inneren, an dem diese Spieluhr mit ihrem langen, guten Ton und den wunderbaren Bildern in Gedanken gut aufbewahrt werden kann?

...

Lass dir Zeit. Hast du einen Platz gefunden?

Gut so ...

Du kannst ganz sicher sein, dass dort alles gut aufgehoben ist. Alle guten Bilder und Gefühle stehen dir jederzeit zur Verfügung, wenn du sie brauchst.

Gut so ...

Dieser Schatz gehört nur dir. Du kannst ihn in Gedanken überall mit hinnehmen.

Gut so ...

Verabschiede dich nun langsam von der Truhe, lass sie in deinen Gedanken immer kleiner und kleiner werden. Du gehst denselben Weg zurück, schaust dir alles noch einmal an und freust dich darauf, in deinem eigenen Tempo wieder im Hier und Jetzt anzukommen.

Und während du ein- und ausatmest, öffnest du die Augen, räkelst und streckst kräftig deine Arme und Beine und bist wieder in deinem Zimmer angekommen.

• Geben Sie Ihrem Kind einen Moment Zeit, um wieder im Hier und Jetzt anzukommen, und warten Sie geduldig, was das Kind von allein zu erzählen hat.

Anregungen für das Gespräch mit Ihrem Kind

Nehmen Sie diese Naluma-Reise auch für sich zum Anlass, darüber nachzudenken, ob Sie als Eltern Ihrem Kind schon einmal gesagt haben, dass es von Ihnen beiden geliebt wird und dass kein neuer Partner (Partnerin) oder neue Kinder diese einmalige Liebe bedrohen können.

Trennung und die neue Familienkonstellation sind für alle Beteiligen ein sehr emotionales Thema. Geben Sie Ihrem Kind deshalb viel Raum und Gelegenheit, Ihnen all das zu erzählen, was es bei seiner Naluma-Reise gefühlt, gesehen und erlebt hat.

Fragen Sie Ihr Kind, wie es sich gefühlt hat, als es seine Eltern dort hat sitzen sehen und sich beide fest versprochen haben, ihr Kind immer als das Wichtigste in ihrem Leben zu betrachten. Möglicherweise kann Ihr Kind sich das gar nicht vorstellen und wird Sie fragen, ob Sie das tatsächlich so getan haben. Bestärken Sie Ihr Kind darin, dass es so oder so ähnlich war. Vielleicht ist es sogar möglich, Ihrem Kind anzubieten, dass Sie als Eltern diese Szene real nachstellen und Ihr Kind mit dabei sein kann.

Fragen Sie Ihr Kind, was es sich noch wünschen würde, um ganz sicher zu sein, dass es auch in der neuen Familiensituation das Wichtigste für Sie ist und bleibt.

Seien Sie neugierig, ob Ihr Kind das Bild der Spieluhr aufgegriffen hat; vielleicht überraschen Sie Ihr Kind bei Gelegenheit mit einer wirklichen Spieluhr, die jeden Abend ihre liebevolle Melodie erklingen lassen kann.

Nehmen Sie die Bilder der Geschichte und die Äußerungen Ihres Kindes immer wieder zum Anlass, um mit Ihrem Kind über die Themen **Sicherheit, Geborgenheit und Liebe der Eltern zu ihren Kindern** zu sprechen und seien Sie neugierig, ob und was sich bei Ihrem Kind verändert.

NALUMA, IN DER KLASSE BEKOMME ICH KEIN WORT HERAUS!

gut, dass du mich rufst. Gehen wir lieber auf Reisen und finden das Mutige und Kühne in dir.

Mach es dir bequem. Atme ein und aus ..., ein und aus ..., ein und aus ...

Achte auf meine Stimme, und vielleicht ist es angenehm und schön, einfach nur all dem zu lauschen, was es zu lauschen gibt. Oder ganz ruhig sich zu wundern, was für innere Bilder dir begegnen. Und mit jedem Atemzug, ohne es zu beeinflussen, wirst du immer ruhiger.

Gut so ... Atme ein und aus ..., ein und aus ..., ein und aus ... Es ist ganz angenehm und ruhig, die Geräusche zu hören, die es zu hören gibt, die Farben zu sehen, die es zu sehen gibt, die Gerüche zu riechen, die es zu riechen gibt.

Und mit jedem Atemzug spürst du, wie der Atem durch deinen Körper fließt. Alles in dir wird ruhiger, deine Gedanken haben keine Richtung, sie sind einfach nur da. Und während du ein- und ausatmest, gehen wir auf Reisen.

Gehen wir in den Zirkus und sehen nach, wer gerade in der Manege ist.

Vielleicht bist du auch schon einmal im Zirkus gewesen und findest etwas wieder, was dich besonders interessiert. Schau dich in Ruhe um ...

...

Vielleicht siehst du dort die Mädchen und Jungen in ihren bunten, glitzernden Anzügen? Das Seil vor ihnen ist gespannt und sie warten auf ihren Auftritt. Kannst du sie genau sehen?

Spürst du ihre Aufregung?
Einer nach dem anderen kommt an die Reihe und wartet auf den Moment, in dem es losgeht. Jetzt läuft wieder ein Seiltänzer über das Seil, hat es geschafft und steht glücklich und erleichtert auf der gegenüberliegenden Seite. Er hat sein ganzes Können gezeigt und lacht dich und die vielen Zuschauer glücklich an. Hörst du das Publikum laut klatschen und vor Begeisterung jubeln?

Wie es wohl wäre, selbst so im Mittelpunkt zu stehen und angeleuchtet von den Scheinwerfern über das Seil zu laufen? Vielleicht ist es ganz einfach und du brauchst es nur zu tun. Wie es sich wohl anfühlen würde, auf der anderen Seite des Seils zu stehen und den Applaus des Publikums für seine Leistung zu genießen?

»Komm zu uns!«, hörst du einen der Seiltänzer dich rufen, »wir haben eine gute Klassengemeinschaft! Probiere es aus, so im Mittelpunkt zu stehen!«

Und wie durch ein Wunder hast auch du, wie von selbst, ein glitzerndes Kostüm an. Dein glitzerndes Kostüm! Es glitzert in den gleichen wunderbaren Farben wie die Kostüme der anderen.

Spürst du, wie es sich an deinen Körper anschmiegt und dich ganz sicher werden lässt, als wenn es schon immer deins gewesen wäre und nur darauf gewartet hat, dass du es anziehst?

Gut so …

Genieße für einen Augenblick, dass du so mutig und so kühn in deinem glitzernden Kostüm dort oben stehst und auf deinen Auftritt wartest.

Die Kapelle kündigt deinen Auftritt mit einem großen Trommelwirbel an, die Scheinwerfer sind auf dich gerichtet und schon geht es los.

Und während du wie von selbst über das Seil gleitest, spürst du gerade jetzt, wie gut geschützt und sicher du in deinem wunderbaren Glitzerkostüm bist.

Vielleicht breitet sich dieses gute Gefühl in deinem ganzen Körper aus und du spürst es als Wärme, die sich langsam und wohltuend in dir verteilt.

Gut so …

Kannst du den Beifall der vielen Zuschauer hören? Riechst du den Duft der Sägespäne unter dir in der Manege? Verweile einen Augenblick und genieße die Farben, die es zu sehen gibt, die Geräusche, die es zu hören gibt, und die Wärme, die dich umfängt.

Gut so …

Und in der Gewissheit, dass du diese Wärme und dieses Glitzern immer in dir hast, verweile

einen Augenblick. Du kannst ganz sicher sein, dass du dieses gute Gefühl immer haben wirst, sobald du an das glitzernde Kostüm und die Manege denkst. Alles wird dir immer zur Verfügung stehen. Es wird dich nie verlassen und du wirst es immer wieder finden, wenn du es brauchst.

Gut so ...

Langsam und behutsam steigst du vom Seil herunter und verabschiedest dich von den Seiltänzern. Du gehst glücklich und guter Dinge aus der Manege und lässt alles hinter dir, denn du kannst sicher sein, dass du alle guten Bilder und Gefühle in deinem Inneren mitnimmst.

Und während ich von vier auf drei ... und von drei auf zwei ... und von zwei auf eins zähle, öffnest du die Augen, streckst deine Arme und Beine aus, atmest tief durch und kommst wieder in deinem Zimmer an.

• Geben Sie Ihrem Kind einen Moment Zeit, um wieder im Hier und Jetzt anzukommen, und warten Sie geduldig, was das Kind von allein zu erzählen hat.

Anregungen für das Gespräch mit Ihrem Kind

Lassen Sie sich das glitzernde Kostüm sehr detailliert beschreiben. Ob Sie einen Sohn oder eine Tochter haben – seien Sie neugierig, was die Fantasie Ihres Kindes für ein Gewand entworfen hat. Vielleicht war das Bild des Kostüms nur der Anlass, der dazu führte, dass sich Ihr Kind eine ganz andere stärkende Hülle erdacht hat. Auch wenn es Ihnen vielleicht unwahrscheinlich erscheint, diese Hülle oder Umhüllung ist das, was Ihrem Kind helfend zur Verfügung steht.

Ermuntern Sie Ihr Kind, dieses Fantasiegewand immer dabeizuhaben. Wo könnte es aufbewahrt werden, damit es morgens vor Unterrichtsbeginn übergestreift werden kann? Oder fragen Sie Ihr Kind, welche Ideen es hat, damit das Kostüm immer dabei ist, wenn es gebraucht wird.

Lassen Sie sich erzählen, wie es war, dort auf dem Seil zu stehen und solch eine wunderbare, stärkende Umhüllung um sich zu spüren. Lag das Kostüm eng an oder war es wie Wasser beim Baden, das einen ganz und gar umfängt?

Fragen Sie Ihr Kind, wie es war, so im Scheinwerferlicht zu stehen und den Applaus der vielen Menschen zu hören.

Besonders wichtig ist es, dass Sie Ihr Kind fragen, was es alles besonders gut kann. Gibt es alltägliche Dinge, auf die Ihr Kind stolz ist?

Haben Sie vielleicht auch schon in Ihrem Erwachsenenleben Situationen erlebt, in denen es Ihnen schwerfiel, vor einer Gruppe von Menschen zu sprechen? Wie könnte Ihre stärkende Hülle aussehen?

Vielleicht haben Sie nun beide einen unsichtbaren Helfer und können sich gegenseitig berichten, ob und wie er funktioniert.

Nehmen Sie die Bilder der Geschichte und die Äußerungen Ihres Kindes immer wieder zum Anlass, um mit Ihrem Kind über die Themen **Selbstsicherheit, stärkende Helfer und Zutrauen zum eigenen Handeln** zu sprechen, und seien Sie neugierig, ob und was sich bei Ihrem Kind verändert.

Naluma, ich kann mich so wenig durchsetzen!

Gut, dass du mich rufst. Gehen wir lieber auf Reisen und suchen die Kraft und Stärke in dir!

Mach es dir ganz bequem und kuschelig, dort, wo du gerade bist. Atme ein und aus und achte nur auf meine Stimme. Vielleicht ist es angenehm und schön, nur dem zu lauschen, was es zu hören gibt, und die Bilder zu entdecken, die sich vor deinem inneren Auge sehen lassen.
…

Spürst du, wie dein Atem ein- und ausgeht und du ganz ruhig wirst?

Gut so ...

Ein und aus ..., ein und aus ..., ein und aus ...

Du wirst mit jedem Atemzug ruhiger und entspannter und bist ganz neugierig, was dir alles begegnen wird.

Während du ein- und ausatmest, gehen wir auf Reisen. Von weitem siehst du schon einen wunderbaren, grünen Wald, der dich einlädt, ihn zu betreten.

Schritt für Schritt kommst du den Bäumen näher und du genießt es, in dieses grüne Blätterdach einzutreten.

Und nun sieh dich genau um, was es dort alles zu entdecken gibt.

Vielleicht hörst du das Zwitschern der Vögel im Wald oder das Rauschen der Bäume?

Spürst du die Kühle auf deiner Haut?

Ach, es tut so gut, hier zu stehen und vom Grün der vielen Bäume umgeben zu sein.

Gut so ...

Du gehst einfach ganz ruhig und heiter weiter und entdeckst zu deinem Erstaunen eine kleine Lichtung, die von der Sonne beschienen ist.

Und während du eintrittst, durchströmt dich die Wärme der Sonne. Die Strahlen treffen auf deinen

Kopf, gleiten weiter wie Wasser über dein Gesicht, ... den Hals, ... die Schultern, ... den Rücken, ... den Bauch, ... die Arme, ... den Po, ... die Oberschenkel, ... die Füße.

Spürst du die Strahlen, wie sie deinen ganzen Körper umhüllen und sich wie eine schützende Schicht um dich legen?

Gut so ...

Und vielleicht lässt du in deiner Fantasie diese Schicht auch ganz kräftig und fest werden, damit sie alles von dir fernhält, was dich verletzen würde.

Probiere es einfach einmal aus, wie es ist, wenn die schützende Schicht ganz fest und kräftig ist.

Gut so ...

Und wie gut ist es zu wissen, dass du dir deinen Schutz nur vorzustellen brauchst und er legt sich sofort um dich. Genieße für einen Moment das stärkende Gefühl, dass du einen schützenden Freund gefunden hast, der immer da ist, wenn du ihn brauchst.

Gut so ...

Und während du nun langsam aus der Sonnenlichtung heraustrittst und sie hinter dir immer kleiner wird, gehst du gestärkt und zuversichtlich den Weg durch den grünen Wald zurück.

Du atmest ein und aus, streckst deine Arme und Beine kräftig aus, räkelst und spannst deinen ganzen Körper und kommst in deiner eigenen Geschwindigkeit wieder in deinem Zimmer an.

• Geben Sie Ihrem Kind einen Moment Zeit, um wieder im Hier und Jetzt anzukommen und warten Sie geduldig, was das Kind von allein zu erzählen hat.

Anregungen für das Gespräch mit Ihrem Kind

Seien Sie neugierig, welche Bilder Ihr Kind Ihnen anbietet. In dieser Naluma-Geschichte geht es um das große Thema Selbstsicherheit und Durchsetzungsvermögen. Die schützende Schicht ist der Helfer, der es Ihrem Kind ermöglicht, sich aus einer inneren Sicherheit heraus etwas zuzutrauen.
Fragen Sie Ihr Kind: »Hast du eine schützende Schicht um dich herum gehabt oder irgendetwas anderes? Wie genau sah das aus? Hast du dich mit der schützenden Schicht um dich herum sicher gefühlt?« Lassen Sie sich alles genau erklären und beschreiben und bestärken Sie

Ihr Kind darin, dass es etwas ganz Hilfreiches für sich entdeckt hat.

Gehen Sie achtsam und behutsam mit dem um, was Ihr Kind erzählt. Vielleicht ist es für den Anfang auch gut, die Schutzhülle immer wieder zu imaginieren und sie in der Geschichte dicker und dicker werden zu lassen, bis sie ausreichenden Schutz bietet.

Seien Sie neugierig, welche Situationen Ihr Kind benennt, wenn es darum geht, wann diese Schicht ihm helfen könnte. Sammeln Sie zum Bespiel gemeinsam Situationen, in denen es ausprobieren könnte, sich diese Hülle umzulegen.

Vielleicht spielen Sie beide solch eine Situation einmal durch. Sie könnten Ihrem Kind beispielsweise sagen: »Wenn du dir deine Schutzhülle umgelegt hast und du spürst sie ganz genau, dann mach mir mal vor, was du (in der und der Situation) machen würdest!«

Unterstützen Sie Ihr Kind und loben Sie es für diese gespielte Zukunftsprobe.

Überlegen Sie gemeinsam, wann tatsächlich solch eine Situation auftreten könnte. Fragen Sie Ihr Kind, ob es sich dann, ausgerüstet mit der Schutzhülle, dem sicheren Gefühl und der schon geprobten Szene, zutrauen würde, sein Verhalten auch in der Realität auszuprobieren.

Möglicherweise reicht es Ihrem Kind für den Anfang, dass es überhaupt bestimmte Situationen erzählen und mit Ihnen ausprobieren kann, wie es sein könnte.

Bedenken Sie, dass Ihr Kind der Fachjunge oder das Fachmädchen für sein/ihr Gelingen ist und deshalb in seiner/ihrer eigenen Geschwindigkeit verändertes Verhalten ausprobiert. Wichtig ist, dass Sie Ihr Kind belgeiten und sich immer wieder für die Alltagssituationen Ihres Kindes Zeit nehmen.

Nehmen Sie die Bilder der Geschichte und die Äußerungen Ihres Kindes immer wieder zum Anlass, um mit Ihrem Kind über die Themen **In unserer Familie hat jeder seinen sicheren Platz! Eltern beschützen ihre Kinder!** zu sprechen, und seien Sie neugierig, ob und was sich bei Ihrem Kind verändert.

Naluma, mein Opa ist gestorben!

gut, dass du mich rufst! Gehen wir lieber auf Reisen und suchen den Trost und den sicheren Ort – also das, was dir bestimmt guttut.

Mach es dir dort, wo du gerade bist, ganz bequem und kuschelig. Ob du die Augen schließt oder sie offen lässt, mach es einfach so, wie dir zumute ist.

Atme ein und aus ..., ein und aus ..., ein und aus ...

Folge langsam deinem Atem durch den ganzen Körper.

Und während du ein- und ausatmest, werden deine Augenlider schwer und du schließt die Augen. Dein Gesicht entspannt sich, erst die Stirn, dann die Wangen, dein Mund, dein Kinn. Und langsam folgst du deinem Atem, und dein Oberkörper, deine Arme, dein Bauch, deine Beine, deine Füße, alles wird müde und schwer.

Atme ein und aus ..., ein und aus ..., ein und aus ...

Gut so ...

Und während dein ganzer Körper sich so ruhig und leicht anfühlt, gehen wir auf Reisen und steigen in einen wunderschönen, bunten Heißluftballon ein. Wie von selbst hebt der Ballon ab und du spürst die Leichtigkeit, mit der wir immer weiter nach oben schweben.

Du gleitest sicher und leicht über die Welt.

Spürst du die kühle Luft auf deiner Haut?

Gut so ...

Und ohne zu wissen, woher die Geräusche kommen, hörst du ganz leise die Stimme deines Opas sagen: »Wir haben es wirklich schön miteinander gehabt! Ich bin so froh, dass ich dein Opa bin!«

Während du ganz deutlich seine Stimme hörst, siehst du aus deiner Erinnerung viele schöne Bilder aufsteigen. Sie zeigen dich und deinen Opa. Es ist, als wenn du dir ein Bilderbuch anschaust, Bild für Bild.

Schau sie dir alle genau an ...

Hast du vielleicht ein Lieblingsbild von euch beiden oder erinnerst du dich an ein Zusammensein, ein Erlebnis, das besonders schön war?

Lass diese Momente in deiner Fantasie noch einmal lebendig werden und genieße diesen schönen Augenblick des Zusammenseins für eine Weile.

Gut so ...

Und in dem tiefen und guten Gefühl, dass du immer ein wunderbares Bilderbuch der Erinnerungen an deinen Opa in dir hast, gleitet der Ballon langsam weiter.

Spürst du, wie gut es tut, mit so schönen Erinnerungen über die Welt zu gleiten?

Gut so ...

Und langsam wird es Zeit, sich zu verabschieden.

...

Ohne dein Zutun, ruhig und bedächtig, gleitet der Ballon zur Erde zurück.

Du siehst die Dinge, die es zu sehen gibt, du hörst die Geräusche, die dir vertraut sind, und du spürst die Unterlage, auf der du dich befindest.

Und während ich von vier auf drei ... und von drei auf zwei ... und von zwei auf eins zähle, öffnest du die Augen, streckst deine Arme und Beine aus, atmest tief durch und kommst wieder in deinem Zimmer an.

- Geben Sie Ihrem Kind einen Moment Zeit, um wieder im Hier und Jetzt anzukommen, und warten Sie geduldig, was das Kind von allein zu erzählen hat.

Anregungen für Gespräche mit Ihrem Kind

Der Verlust Ihres Vaters, Ihrer Mutter, Ihres Schwiegervaters, Ihrer Schwiegermutter berührt Sie sicherlich selber tief. Vielleicht bot das Bild des Ballons auch für Sie die Möglichkeit, Ihrer Trauer zu begegnen.

Bauen Sie in diesem Fall Ihrem Kind eine Brücke und erzählen Sie zuerst, wie es Ihnen beim Vorlesen ergangen ist und welche schönen Geschichten mit Opa oder Oma Ihnen in Erinnerung gekommen sind. Möglicherweise erzählen Sie auch, dass Sie sehr traurig sind, dass Opa oder Oma gegangen ist.

Lassen Sie sich von Ihrem Kind erzählen, welche Bilder es in seiner Fantasie gesehen hat. Welche Szenen mit Opa oder Oma hat Ihr Kind erlebt? Bestärken Sie Ihr Kind darin, dass es gerade etwas ganz Besonderes erlebt hat, und dass es immer möglich sein wird, so mit dem Ballon zu schweben und dort unten irgendwo den Opa, die Oma zu sehen und zu hören.

Erzählen Sie ihm, dass Menschen, die von uns gehen, immer in unserer Erinnerung und deshalb bei uns bleiben.

Möglicherweise ermuntern Sie Ihr Kind, sich den Opa oder die Oma an einem gemeinsamen Lieblingsort vorzustellen und sich dort mit ihm oder ihr zu unterhalten.

Oder Sie machen Ihrem Kind den Vorschlag, dass es Opa oder Oma Dinge aus seinem Alltag erzählt, wie zum Beispiel: »Was hätte der Opa wohl gesagt, wenn du ihm erzählt hättest, dass du so eine gute Note in der Schule hast?« Diese Naluma-Geschichte kann für alle Familienmitglieder eine gute Anregung sein, wunderbare, gemeinsame Erlebnisse mit Opa oder Oma in Erinnerung zu rufen und sie sich gegenseitig zu erzählen.

Nehmen Sie die Bilder der Geschichte und die Äußerungen Ihres Kindes immer wieder zum Anlass, um mit Ihrem Kind über so wichtige Themen wie **Wie wir uns alle gefreut haben, dass du auf die Welt gekommen bist! Alle Lebewesen müssen nach einer Zeit auf der Erde sterben** zu sprechen und seien Sie neugierig, wie Ihr Kind mit seiner Trauer umgeht.

Naluma, manchmal möchte ich mehr Ruhe vor meinen Geschwistern haben!

g ut, dass du mich rufst. Gehen wir lieber auf Reisen und finden deinen ruhigen Ort.

Mach es dir bequem, gerade dort, wo du dich befindest. Ob du die Augen schließt oder sie offen lässt – lass es einfach geschehen. Achte auf meine Stimme, und vielleicht ist es angenehm und schön, einfach nur all dem zu lauschen, was es zu lauschen gibt. Oder ganz ruhig sich zu wundern, was es im Inneren zu sehen gibt.

…

Und mit jedem Atemzug, ohne es zu beeinflussen, wirst du ruhiger und spürst, wie erst dein Gesicht, dann deine Arme und Schultern, später dein Bauch und deine Beine immer lockerer werden.

Gut so …

Es fühlt sich alles ganz angenehm und ruhig an. Vielleicht gibt es Geräusche zu hören, die es zu hören gibt, Farben zu sehen, die es zu sehen gibt und Gerüche zu riechen, die es zu riechen gibt.

Mit jedem Atemzug spürst du, wie der Atem durch deinen Körper fließt. Ohne dein Zutun wird alles ruhiger, deine Gedanken haben keine Richtung, sie sind einfach nur da.

Gut so …

Und während du ein- und ausatmest, gehen wir auf Reisen.

Siehst du die Treppe vor dir? Sie lädt dich ein, Stufe um Stufe hinunterzugehen. Mit jedem Atemzug, ein und aus …, Stufe um Stufe, … ein und aus …, Stufe um Stufe, gehst du weiter hinunter und bist neugierig, was es zu entdecken gibt.

Vielleicht betrittst du eine Wiese? Vielleicht ist es aber auch ein Ort, den du ganz besonders magst und wo du alles wiedererkennst, was dir so gefällt.

Schau dich genau um, sieh, was es zu sehen, was es zu riechen und was es zu hören gibt.

…

Hörst du die vielen Stimmen anderer Menschen? Sind deine Geschwister dabei, die lachen und Freude haben? Wie schön, dass es ihnen gut geht. Und während du in Ruhe und mit Freude alles betrachtest, spürst du tief in deinem Inneren den Wunsch, einen Ort zu haben, an dem du manchmal ganz für dich allein sein kannst. Lass deine Gedanken einfach wie ein Vogel dorthin fliegen, wo es gut für dich ist.

Wie könnte dieser Ort in deiner Fantasie aussehen? Stell ihn dir genau vor.

…

Kannst du ihn schon vor deinem inneren Auge sehen?

Gut so …

Vielleicht möchtest du ihn dir ja noch gemütlicher machen, damit du dich dort ganz besonders wohlfühlst? In deiner Fantasie steht dir alles zur Verfügung, damit du

deinen Wohlfühlraum schön und kuschelig einrichten kannst.

…

Mal dir deinen Wohlfühlraum genau aus. Wie hell ist es
dort? Riecht es dort besonders gut? Was gibt es dort zu
hören?
Wenn du alles so hergerichtet hast, wie es dir besonders
gut gefällt, dann schau dich dort ganz in Ruhe um.

…

Vielleicht willst du dich nun hinsetzen oder hinlegen und
alles nur genießen.
Gut so …
Es ist dein Wohlfühlraum, und nur deiner.
Und während du dort ganz entspannt sitzt oder liegst
und die Ruhe und das Alleinsein genießt, spürst du irgendwo in deinem Körper eine wohlige Wärme, die sich
ausbreitet.
Gut so …
Während du in deinem ruhigen Wohlfühlraum liegst,
spürst du diese wohlige Wärme in deinem Körper. Du
kannst diese wunderbare Wärme immer und überallhin
mitnehmen und sie immer fühlen.
Und du kannst ganz sicher sein, dass dir dein Wohlfühlraum immer zur Verfügung steht, wenn du ihn brauchst.

...

Und während du dieses Gefühl genießt, einen guten und sicheren Platz gefunden zu haben, und während du sicher sein kannst, dass dir alles immer wieder zur Verfügung stehen wird, wenn du es brauchst, kannst du dich in deinem eigenen Tempo von deinem Wohlfühlraum verabschieden und Schritt für Schritt die Wiese in Richtung der Treppe überqueren.

Und jede Treppenstufe bringt dich dem Hier und Jetzt näher. Und wenn ich jetzt rückwärts zähle,

vier ... drei ... zwei ... eins ...,

öffnest du die Augen und räkelst und streckst deine Arme und Beine.

• Geben Sie Ihrem Kind einen Moment Zeit, um wieder im Hier und Jetzt anzukommen, und warten Sie geduldig, was das Kind von allein zu erzählen hat.

Anregungen für Gespräche mit Ihrem Kind

Für Eltern, die mehrere Kinder haben, ist es immer wieder ein besonderes Thema, dass jedes Kind seinen eigenen Platz, seine eigene Anerkennung und seine eigenen Rückzugsmöglichkeiten braucht.

Nehmen Sie diese Naluma-Geschichte zum Anlass, um mit Ihrem Kind über seine Wünsche nach Individualität und Abgrenzung zu seinen Geschwistern zu sprechen. Wie hat sein Wohlfühlraum ausgesehen? Was war das Besondere an dem Raum und warum konnte sich Ihr Kind dort so sicher und wohl fühlen?

Fragen Sie Ihr Kind, in welchen Situationen es gern seine Ruhe vor seinen Geschwistern hätte. Haben Sie dieses Bedürfnis bei Ihrem Kind auch schon bemerkt, oder sind diese Informationen für Sie neu?

Lassen Sie sich den Wohlfühlraum und die damit verbundenen Geräusche, Gerüche und Gefühle genau beschreiben. Konnte Ihr Kind die Wärme im Körper spüren, als es sich dort aufgehalten hat?

Ermuntern Sie Ihr Kind, dass es sich in seiner Fantasie immer dorthin zurückziehen kann, wenn es Ruhe braucht. Bestärken Sie Ihr Kind zudem darin, seine Wünsche nach etwas mehr Ruhe den Geschwistern gegenüber zum Ausdruck zu bringen und sorgen Sie als Eltern dafür, dass die Geschwisterkinder das auch respektieren.

Denken Sie darüber nach, wie Ihr Familienalltag aussieht. Überlegen Sie, wann die Familie Ihrer Meinung nach gemeinsame Zeit verbringen sollte und wann die Kinder ihren eigenen Interessen nachgehen können. Haben Sie als Eltern ein achtsames Auge darauf, ob jedes Kind genügend Zeit für sich hat? Wie verteilen Sie Ihre Zeit unter den Kindern? Wann hat Ihr Kind Sie ganz für sich allein?

Mit diesen Überlegungen im Kopf können Sie Ihr Kind fragen, was es vielleicht in seinem Kinderalltag anders haben möchte und warum. Möglicherweise sind das gute Hinweise darauf, was sich ganz praktisch in Ihrem Alltag ändern ließe.

Interessant wäre es auch, jedem Geschwisterkind diese Naluma-Reise vorzulesen und zu hören, was für Bilder jedes Kind entwickelt. Wessen Bedürfnis nach Rückzugsmöglichkeiten ist größer oder kleiner?

Nehmen Sie die Bilder der Geschichte und die Äußerungen Ihres Kindes immer wieder zum Anlass, um mit Ihrem Kind über die Themen **Eigene Bedürfnisse artikulieren, in einer großen Familie leben und seinen individuellen Platz haben** zu sprechen und seien Sie neugierig, ob und was sich bei Ihrem Kind verändert.

Naluma, manchmal kann ich mich nicht gut konzentrieren!

Gut, dass du mich rufst, gehen wir lieber auf Reisen und suchen die Aufmerksamkeit in dir.

Lehn dich in deinem Bett zurück und spüre, dass dein Rücken, deine Arme, dein Po und deine Beine guten Kontakt mit der Matratze haben.

Mach es dir ganz bequem. Ob du die Augen schließt oder sie offen lässt – lass es einfach geschehen. Achte nur auf meine Stimme.

Atme ein und aus …, ein und aus …, ein und aus …

Und mit jedem Atemzug, ohne es zu beeinflussen, wirst du immer ruhiger und gelassener.

Gut so …

Es ist so angenehm und schön, die Geräusche zu hören, die es zu hören gibt, die Farben zu sehen, die es zu sehen gibt, die Gerüche zu riechen, die es zu riechen gibt.

Und mit jedem Atemzug spürst du, wie der Atem durch deinen Körper fließt und du bist ganz neugierig, was dir alles begegnen kann.

Stell dir in deiner Fantasie vor, dass du auf einer wunderbaren Düne stehst und von Weitem das aufgewühlte Meer siehst. Vielleicht warst du auch schon einmal dort und freust dich, alles wiederzusehen?

Spürst du den Sand unter deinen nackten Füßen, während du auf das Meer zuläufst?

Gut so …

Hörst du die Brandung rauschen?

…

Und während du weiter zum Strand läufst, siehst du die
vielen kleinen Vögel, die ganz aufmerksam die Wasser-
kante nach Nahrung absuchen.

Sie laufen hin und her und folgen ihrem Wissen, dass sie
sich nur um ihre Nahrungssuche kümmern müssen.

Es sieht fast so aus, als wenn sie alles um sich herum ver-
gessen und nur darauf achten, sich auf einen ganz bestimmten Punkt zu konzentrieren. Nur dieser eine Punkt
ist für sie wichtig.

Und wenn du ganz genau hinschaust, gelingt es vielleicht auch dir, diesen einen Punkt in deiner Fantasie
entstehen zu lassen.

Es ist dein Punkt der Aufmerksamkeit. All deine Aufmerksamkeit ist auf diesen einen Punkt gerichtet.

Hast du deinen Punkt der Aufmerksamkeit gefunden?

Lass dir Zeit und betrachte ihn ganz genau.

Welche Form hat er?

Hat er eine Farbe?

Kannst du vielleicht sogar seine Oberfläche anfassen?

Spürst du das Material, aus dem er ist?

Gut so …

Kein Geräusch stört dich.

Es ist still und ruhig, während du ganz, ganz
genau deinen Punkt betrachtest.

Sieh ihn dir ganz aufmerksam von allen Seiten, von oben, von unten, von hinten an.

Wenn du willst, dann verändere seine Form oder ändere die Farbe. Probiere einfach alles so lange aus, bis dir dein Aufmerksamkeitspunkt richtig gut gefällt.

Gut so ...

In deiner Fantasie kannst du deinen Punkt der Aufmerksamkeit auch größer und kleiner werden lassen, gerade so, wie du ihn brauchst.

Vielleicht darf er auch so groß sein, dass er dich ganz umhüllt und schützt? Alle störenden Geräusche hält er von dir fern. Du fühlst dich ganz ruhig.

Probiere es einmal aus ...

Gut so ...

Du kannst tief in deinem Inneren ganz sicher sein, dass dein Aufmerksamkeitspunkt immer als dein guter Helfer kommen wird, sobald du an ihn denkst und ihn dir ganz genau vorstellst.

Genieße für einen Augenblick das Wissen, dass du einen neuen Begleiter hast, der immer zu dir gehört.

Gut so ...

Und während ich von vier auf drei und von drei auf zwei und von zwei auf eins zähle, öffnest du die Augen, atmest kräftig ein

und aus, streckst die Arme und Beine, räkelst dich und
bist in deinem Zimmer angekommen.

- Geben Sie Ihrem Kind einen Moment Zeit, um wieder im
  Hier und Jetzt anzukommen, und warten Sie geduldig,
  was das Kind von allein zu erzählen hat.

Anregungen für Gespräche mit Ihrem Kind

Wenn Ihr Kind Ihnen seine Erlebnisse mitteilen möchte,
seien Sie besonders neugierig, wie der Aufmerksamkeitspunkt aussieht, welche Größe, Farbe und Oberfläche er
hat. Lassen Sie ihn sich ganz genau beschreiben.
Erkundigen Sie sich: »Konntest du ihn auch größer werden lassen? Hat er dich umhüllt? Gab es Geräusche oder
war es in diesem Moment ganz still um dich herum?«
Lassen Sie Ihr Kind seine Gefühle in dem Augenblick beschreiben, als es sich den Aufmerksamkeitspunkt vorgestellt hat: »Was hat dir in diesem Moment besonders gut
getan?«
Sie können Ihr Kind dazu ermuntern, den Aufmerksamkeitspunkt zu malen, damit er im Zimmer an der Wand

hängen oder im Schulranzen mitgenommen werden kann. Erläutern Sie: »Dann kannst du ihn dir immer ansehen und schon ist er wieder da und hilft dir!«

Welche Ideen Ihr Kind auch immer hat, damit der Aufmerksamkeitspunkt bei ihm sein kann, nehmen Sie diese Anregungen auf.

Dieses innere Bild sollte gut gepflegt und gefestigt werden, denn es ist in der Tat ein wunderbarer Helfer, um die Aufmerksamkeit zu fokussieren.

Verabreden Sie mit Ihrem Kind, dass Sie beide gemeinsam öfter nach dem Aufmerksamkeitspunkt Ausschau halten und ihn einladen, zu kommen. Überlegen Sie gemeinsam, wann der neue Freund und Helfer unbedingt kommen sollte und lassen Sie sich von Ihrem Kind erzählen, wie hilfreich es war.

Nehmen Sie die Bilder der Geschichte und die Äußerungen Ihres Kindes immer wieder zum Anlass, um mit Ihrem Kind über die Themen **Aufmerksamkeit und Ablenkung** zu sprechen und seien Sie neugierig, ob und was sich bei Ihrem Kind verändert.

Literatur

Benaguid, Ghita/Schramm, Stefanie: **Hypnotherapie**, Paderborn 2016

Bohne, Michael: **Feng Shui gegen das Gerümpel im Kopf. Blockaden lösen mit Energetischer Psychologie**, Reinbek 2007

Bongartz, Walter/Bongartz, Bärbel: **Hypnosetherapie**, Göttingen 2000

Gallo, Fred P.: **Energetische Selbstbehandlung. Durch Meridianklopfen traumatische Erfahrungen heilen**, München 2009

Grob, Alexander/Jaschinski, Uta: **Erwachsen werden. Entwicklungspsychologie des Jugendalters**, Weinheim 2003

Kachler, Roland: **Hypnosystemische Trauerbegleitung. Ein Leitfaden für die Praxis**, Heidelberg 2010

Opp, Günther/Fingerle, Michael/Freytag, Andreas (Hrsg.): **Was Kinder stärkt. Erziehung zwischen Risiko und Resilienz**, München 1999

Reddemann, Luise: **Imagination als heilsame Kraft. Zur Behandlung von Traumafolgen mit ressourcenorientierten Verfahren**, München 2010

Schmidt, Gunther: **Einführung in die hypnosystemische Therapie und Beratung**, München 2016

Signer-Fischer, Susy/Gysin, Thomas/Stein, Ute: **Der kleine Lederbeutel mit allem drin. Hypnose mit Kindern und Jugendlichen**, Heidelberg 2014

Zech, N./Seemann, M./Signer-Fischer, S./Hansen, E: »Kommunikation mit Kindern. Praktische Strategien und Hilfsmittel für den anästhesiologischen Alltag«, in: **Anaesthesist 2015**, S. 1–10

Über die Autorin

© Manfred Paul

CORNELIA ROHSE-PAUL arbeitet in eigener Praxis als Supervisorin (DGSv). Sie ist eine renommierte und gefragte Expertin, die über langjährige Erfahrungen in der Arbeit mit Pflegeeltern, Erziehungsstellen und Teams der teil- und vollstationären Jugendhilfe verfügt. Die Erfahrungen aus dieser Arbeit mündeten in der Entwicklung des Konzeptes und der Gründung der in Deutschland einmaligen Wutambulanz für Kinder und Jugendliche.